質感對話課

潘月琪 著

職場、社交、
媒體及
自我叩問的
言談美學

各界推薦

文字是內心的表達，語言是素質的展現，而選擇是使用語言文字的人的權利，相對的也展示了權力。

好好說話很重要，不只是展現話語的內容，更是體現說話者是誰。當一位有影響力的說話者，更是要醒覺自己傳達了什麼樣的概念，讓閱聽眾接受了什麼樣的訊息。

對話是溝通，不是辯論、非贏即輸，不是心理的戰鬥過程。傾聽才是重點；傾聽他人當然也是傾聽自己。

好好說話，有質感地說話，就是在傳遞一種價值觀：尊重、傾聽、理解與支持。

語言是具有魔法的，但在施語言魔法前，請好好看一下月琪姑娘的書，讓生活中的對話，是有滋有味有質感的風格吧！

——王琄（金鐘影后、作家）

《質感對話課》很暖，就像喝一杯熱奶茶或熱咖啡，讓人感受到暖暖的、香醇的好滋味。

《質感對話課》很真，字裡行間彷彿聽得見真誠，用誠懇的聲音自然地和人互動與交流。

很暖、很真的月琪老師的美麗字語能讓人縈繞心中，不是透過華麗的辭藻堆疊，而是簡簡單單地回到心，真心誠懇地將生活的體會、觀察用文字訴說分享。

書中月琪老師笑稱在廣播歲月中，她是聲音加工廠的聲音女工，不過，現在透過教學傳遞聲音美好的她，早已變身成文字聲音館的質感女神，恭喜她繼續用獨有的魅力傳遞、傳承聲音的美好力量。

請勇敢地把自己交出來，讓質感女神帶你感受言語溫柔的力量，告訴你如何付諸行動、堅定向前；如何用善意、細緻、體貼的方式和人對話；如何做自己、呈現真實的自己、讓自己成為受歡迎的人；如何讓心靈越來越輕盈並過上喜歡的生活；以及如何多說一些溫暖人心的話語、用心實踐愛與夢想。

謝謝月琪老師用心創造這個具有溫度的質感空間，讓我們能靜下心自在舒服地穿梭。請準備一杯溫熱的飲品，打開《質感對話課》，和自己來場心的對話，相信我們能一起在人生的雲淡風輕之中，留下一道最美麗的彩虹。

——**季潔**（廣播金鐘獎主持人／輔仁、真理、淡江大學兼任助理教授）

很高興能為優雅美麗又溫暖真誠的月琪學妹撰寫新書推薦序，也感謝月琪將我和她的對話經驗與深刻反思收錄在這本《質感對話課》的〈社交對話〉篇章中。

月琪的邀請，讓我想到孔子在《論語．述而篇》中的這句：「仁遠乎哉？我欲仁，斯仁至矣。」這不僅是因為我的名字中有個「仁」字，而是因為「仁」的真正意涵就是「要從內在產生真的力量，把握機會及時行善」，而善的意思就是「人與人之間適當關係的實現」。所以立刻把握機會，希望推薦月琪的這本書，能幫助更多有緣的朋友在與人交談時，都能夠因為有質感的對話而成長蛻變得更幸福。

這本《質感對話課》聚焦在「人與人之間的交談對話」，包括「職場對話」、「社交對話」，也因為月琪有豐富的媒體經驗，所以也包括「媒體訪談」，而讀者在細讀內容、咀嚼反思時，其實也正在和作者對話，如果您願意靜下心來對自己的人生經驗也提出較深層次的提問，那就是月琪所說的「自我叩問」。請您仔細品味一下，這種「自我叩問」要如何才能越來越有質感、越來越能夠協助自己突破框架，開創更美好的人生呢？其實，超級溫暖的月琪嚮導，已經在書中留下豐富的線索，期待您能我一樣，有一趟具有質感又深具啟發的對話旅程。

——**嚴守仁**（生命教育園丁／專業顧問講師）

—推薦序—

如沐春風的相處時刻

平珩（舞蹈空間舞團藝術總監）

掐指算算，和月琪認識已經二十多年，雖然我們交談的機會不算多，可是一旦打開話匣子，就可以自在地從白天聊到天黑。原以為這就是投緣，直至去年看了月琪的《質感說話課》才明白，我們聊天之所以會欲罷不能得那麼過癮，不只是有相互認識的人事物可以「八卦」，月琪對於話題間起承轉合的串連與結論，以及總能讓我獲取到新知才是關鍵。

今年欣見月琪在去年出版的作品基礎上，又打造出進階版的《質感對話課》，全書依舊很用心地先以名人金句為讀者破題，這是她讀懂、讀通萬卷書，又能轉化並融入各個主題的好工夫；而副標有關職場、社交、媒體及自我叩問四個分類的言談美學，吸引我迫不急待去發掘她的「絕招」，找到不少醍醐灌頂的啟發。

在藝術行政工作近四十年的經驗中，我發現每回製作都要有其開創性，因此多多少少都會遭遇到以往沒經歷過的問題需要解決。如果遇見只會照章行事、不想有所突破的夥伴，過程會特別辛苦。以往我總是懊惱人的差別為何如此之大，如今在月琪針對「好奇心缺乏症候群」的九項指標中，找到了答案。她讓我迅速切入靈感與調整的重點，原來職場上不需「坐以待斃」，調整工作與生活的心態，才能燃起熱忱。

「一期一會」的社交對話，更是對我們這個「做事不難，做人難」的行業最好的標竿。大凡優秀的藝術家一定難搞，創作不能炒冷飯，總是一次次打掉重練，而藝術行政身為服務藝術家與觀眾間的平台，既要給予藝術家最大的施展空間，也要為觀眾提出最佳的詮釋引導，保有了「一期一會」的態度，所有的抱怨都成為無往不利的轉機。

〈相約到戶外散步聊天吧！〉這篇更是神來之筆。我們都知道在會議桌上可以確認計畫的實施步驟，但能讓彼此交心，為計畫建立起牢不可破的承諾，往往靠的是會後的吃飯聊天，月琪以隨興自在的相約至戶外，打開社交對話更多可能性，原來不必去等待「有趣」的朋友出現，誰都可先成為充滿新意的那一位。

而〈訪談者的心態定錨〉中，雖然提到的是從訪問者、受訪者及閱聽大眾三個角度來看訪問的重點，這何嘗不能擴展至任何會議、行事、乃至於生涯規畫的準則？我們這輩子因何而生、我們為「志願」做了多少準備、想要達到的影響是什麼？全書最後的「自我叩問」正是月琪最勇敢的「高光時刻」，我們可以努力調整對人對事的方法與態度，但坦誠面對自己是何其不易？

月琪在費心敲鐘之後，還很好心提出〈質感對話的日常練習〉的武功秘笈，讓大家都有實務練習的機會。

《質感對話課》全書娓娓道來，一如與月琪交談，如沐春風。最後她以深入淺出的引導，鼓勵大家把「知道」轉化為「經驗」，這也是月琪笑著對大家說：

「你，可以做到的！」

目錄

CHAPTER

2

社交對話

CHAPTER

3

媒體訪談

CHAPTER

4

自我叩問

—前言—

我們為何交談？為何對話？

二〇一四年的元旦，陰雨綿綿，我獨自走訪法國杜爾老城區（Tours, France），因為是新年，所有店家掛出「Désolée c'est fermé.」歇業休息的牌子，門窗緊閉，路上行人寥寥。

隻身走在街上，依照慣例，我喜歡憑直覺隨機搜尋路人問：「日安，先生／女士，請問火車站往哪兒走？……對，我用走的，沒開車，大概需要幾分鐘呢？」

三位熟齡女士正在等公車，彼此不認識，她們教我看掛在牆上的交通路線圖，經過一陣七嘴八舌比手畫腳，我還是決定繼續徒步遊覽街區，順便找火車站。喜歡她們的優雅與熱心，我邀請她們一同入鏡，拍了照留念。

途中，一對情侶好心指引我方向，可是我怎麼也聽不明白。突然間，某位高瘦嚴肅的中年男子，湊上前來，指了指前方，也講了一串話，見我一臉迷惘，表示願意陪我走到火車站。我有些驚訝，卻也沒多想，也就如迷途小狗般跟著。他逕自走著，不發一語，步伐堅毅飛快，有時停下來等我拍完街道建築，又繼續往前走。

那時年輕，與人同行不習慣靜默太久，便嘗試用僅學了幾個月程度的法文，引他聊了幾句，得知他來自阿爾及利亞，移居法國多年。到了火車站，內斂寡言的先生買了一包菸，我向他道謝告別，繼續下一段旅程。

晴天雨天，偶爾遇到有人相伴，陪走一小段路，是一種幸運。有些緣分深些，日後保持聯繫，甚至成為一輩子的摯友；多半緣淺，交會只短短須臾。無論相處時間長短，話多話少，與人互動的畫面和隻字片語，常會留存在我心中，由衷感謝這些願意駐足與我交談的人。

那次冬季的法國旅行，我還在里昂（Lyon）舊城的紅十字區（Croix-Rousse）看到一位戴著毛線帽的街頭詩人，她在廣場上架起簡單典雅的白色木桌，放上一台打字機，只要提供任何主題或單字，她就當場為你創作一首詩，隨喜付費。結束旅程後，我在日記寫下兩句話：「如果能以言語溫暖任何人，我願意說話；如果能以文字溫暖任何人，我願意寫作。」

彷彿命中注定，我的工作形態和居住環境再怎麼轉換，都跟「說話」有關，我真的很享受「與人交談」的樂趣，也愛聽別人對話。我著迷電影《愛在黎明破曉時》三部曲裡的男女主角那種可以不斷交談，討論任何話題也不冷場的互動關係，也喜歡坐在舒適溫暖的餐桌前，看著一群好友此起彼落聊著有滋有味的工作或生活日常。

到底人們為什麼要交談？為什麼對話？我很快想到十個理由，其實要舉出更多理由也沒問題，不過光是這十個，就涵蓋了絕大多數的交談目的。

1. 獲取資訊與知識
2. 釐清並解決問題
3. 做出判斷
4. 發現機會
5. 提升好感
6. 尋求靈感

7. 消融界線，建立情感連結

8. 啟發他人

9. 療癒他人

10. 實踐「共好」

正在閱讀此書的你，或許從各種管道得知，我的現職是一名口語表達講師，曾主持過十多年廣播節目，還有各類記者會及頒獎典禮。我的人生基本上就是由一連串的「交談」所串起，許多人也是如此，只是很少思考每次對話與自己和他人的關係和影響。

二〇一七年，我在蘇州發表完 TEDx 演講後，對自己設定的講題「言語的溫柔力量」產生更大的探究熱情，希望鼓勵人們以嶄新的心情與眼光，說出心中溫柔的話語，呈現真實的自己，又不失對他人的同理以待。

一場演講，幾堂課，或一本幾百頁的書，不足以窮究人與人之間的相處奧祕，於是我希望能繼續深化並補充「質感表達」這概念，因此再度執筆，歷時一年寫下這本《質感對話課》，進一步探索人與人在各種情境下的言談美學與對話禮儀，如何用更溫潤體貼、友善有質感的說話方式與人互動。

除了延續前一本書的撰寫意圖，在內容分類上，我規劃出四大主題，分別是「職場對話」、「社交對話」、「媒體訪談」和「自我叩問」。這四個領域囊括我們人生中會遇到的大部分情境，比方，我們一輩子有好幾十年在職場工作，回到私人生活，會參加一些社交場合，一對一聚會也算在其中。雖然不是每個人都從事媒體工作，但現在人人幾乎都有自己的網路社交平台，甚至經營「自媒體頻道」，對外發聲的機率比想像中高。你也可能因為出色的職場成就，或對生命擁有特殊的經歷智慧，而受邀媒體採訪。最後，無論單身或有伴，都需要保持跟自己的內在對話，才能更清晰地看待生命中的每一天。

我在書裡分享不少好書及影視作品當中的名言佳句，厚顏引用這些極富智慧與語言美感的句子，期許為本書論述提供更有力的支持，增添大家在閱讀上的理解和興味。也歡迎你搭配《質感說話課》，兩本書就像勃根地紅酒搭配松露料理，相輔相成。

至於什麼是「質感對話」？總歸來說，有十大要素：好奇心、同理心、友善、尊重、聆聽、珍惜、真誠、美感、言語的溫度、情感的連結。書裡提到的所有故事和案例，都圍繞著這幾項元素做不同角度的切入詮釋。這些詞語常被提起，看似理所當然，但身處高速運轉的世界、情緒動輒會被各種事件觸發，很難時時刻刻在對話中實踐這些美好的特質。加上大多數人習慣以理性思維與人溝通，不自覺妄下斷語，因此，學習覺察自己的感受，同時關照他人的感受，也是質感對話很重要的一點。

自從《質感說話課》出版後，得到許多正面回饋，有朋友表示：「月琪，妳倡導的理念和做法都很棒，但如果全部照著做，我可能會崩潰！」對於質疑的聲音，我心存感激，指引我更深入思考，潛入真相之海。

我能理解，書中倡導的理念和做法，會對不同人產生各種反應，每本書和理論都有它的侷限與不足，有涵養的談吐，無法解決「所有」人際之間的溝通處境，尤其在忙碌搶快的時代，人們普遍心浮氣躁，分秒必爭，想做到「質感對話」，某些時候需要付出較多時間心力，如果覺得自己要調整的地方太多，也不確定做到之後會如何，內心可能會多有牴觸，就想乾脆直接放棄，還是「自在做自己」好了。倘若有以上疑慮，我想誠懇邀請你，先從書裡比較能接受的一兩件小事開始嘗試，調整之後，看看會有什麼收穫發現？

試著回憶一下，剛開始鍛鍊身體時，一想到必須大清早起床出門跑步、去健身房舉槓鈴，就覺得好累不想動，一旦開始嘗試，慢慢發現運動的種種好處，身心發生正向變化，這項好習慣便自然進入到生活之中，當初的不適感，隨著你的進步成長逐漸消失，哪天下雨不能出門跑步，你可能還會覺得怪怪的呢！

曾多次入選時代百大人物的媒體女王及慈善家歐普拉．溫芙蕾（Oprah Winfrey）說：「當你專注於出現在生命中的善意，你就會創造更多善意。」

願意用善意、細緻、體貼的方式與人對話，是一種「選擇」，不是「義務」，那麼請真誠問自己：「我願不願意做這個選擇？」如果不願意，原因在哪裡？在自我叩問的過程中，答案會浮現。

十七世紀英國玄學派詩人及牧師約翰．多恩（John Donne）曾說：「無人是孤島」，作為世界的一分子，人類的一員，任何言行舉措都會產生影響。質感對話是雙向進行，互相成就，可能不像直接翻桌罵人外加翻個白眼來得爽快（我知道你對老闆客戶或另一半有時真想這麼做），也不比揮舞戰戟那樣霸氣外露，這本書所提到的，是我走到人生中場的見聞經驗和感悟，我確實從注重交談的種種細節，受益良多，因此想與大家分享。

然而，人類很難改變其他人，更不喜歡被要求改變，質感對話的挑戰或許還會持續，但我仍抱持樂觀初心，自己也持續修習言談表達藝術，當自己改變了，周遭也會連帶出現變化，生命一定會在某些時刻給予迴響。

「繼續嘗試，繼續努力，去活在一個更大的視野裡。」震撼全球心靈圈、啟發大眾思考個人生活與宇宙萬物關係的《與神對話》書中有這麼一句話。為了更好的將來，邀請你以好奇的心情，敞開心胸盡情探索，透過一次又一次的質感對話，從中更了解自己與他人，了解大千世界的運轉與變化，期許這本書能幫助大家離這個目標更靠近。

CHAPTER 1

職場對話

讓「好奇心」成為你的嚮導

「別讓恐懼蓋過好奇帶來的喜悅。」

——曼德勒娛樂集團董事長彼得・古柏（Peter Guber）

「為什麼漂亮的花會凋謝？」小女孩問。
「因為那是它迷人的一部分。」老爺爺回答。
「為什麼木頭會在火裡燃燒？」小女孩問。
「因為要溫暖人們的身體。」老爺爺回答。
「為什麼天使有翅膀？」小女孩問。
「為了讓我們相信有耶誕老人。」老爺爺回答。
「為什麼你要握我的手？」小女孩問。
「因為跟你在一起，感覺非常好。」老爺爺回答。

以上充滿童趣的對話，出自二〇〇二年上映的法國電影《蝴蝶》（Le Papillion）。劇中的小女主角Elsa，個性古靈精怪，母親為了養家餬口，終日忙碌不在家，讓八歲大的她常感孤單。某天，她偷偷跟著脾氣古怪的鄰居老爺爺Julien到山上尋找一種名叫「伊莎貝拉」的稀有蝴蝶。沿途中，Elsa不斷拋出各種問題，老爺爺有時不耐煩，有時惱怒，大部分時間還是耐心回答，一來一往的對話聽來簡單，卻隱含深刻的人生智慧與心靈哲思。我暫且保密他們是否找到了蝴蝶，但偷偷告訴你，兩人都在這段結伴同行的旅程中，療癒了生命裡某些缺憾，往幸福更靠近一步。

研究顯示，四歲小孩每天可以問一百到三百個問題，多麼驚人的數字啊！無論四歲還是八歲，童年都離我們頗遠了，但你會發現，有些人長大後仍保持鮮活的好奇心，他們樂於提問，願意展開對話，但不是喋喋不休或一副「你不回答我便不罷休」的死纏爛打。他們熱衷探索懵懂未知的大小事，用心感受人與人之間的奇妙連結，並從中得到喜悅與滿足。這樣的人，有種莫名的生命力，讓人想要一探究竟。

我們都知道好奇心很重要，究竟什麼是「好奇心」呢？心理學教授陶德・B・

卡珊登（Todd B. Kashdan）提出的解釋是：「喜悅的探索」，他進一步定義：「讚揚並渴望尋求新知識與新資訊，在學習和成長中獲得喜悅。」提問專家華倫・伯格（Warren Berger）在《Q到Q+》一書也引述神經學研究：「僅僅只是對一個有趣的問題產生好奇心，就足以活化人腦裡負責獎賞機制的部分。抱持好奇心會讓人覺得開心。」

由此可知，好奇心是維繫熱情、擴展職涯之路的重要基石，要說它是擁有幸福人生的關鍵之一，也絲毫不為過。

你有沒有過這樣的經驗，每隔一段時間，就會以「厭世」的口吻說：「我對現在的工作好倦怠，是不是該換公司了？還是乾脆搬到花蓮開民宿，你要不要一起來？」一問之下，除了收入和所付出的時間心力不成正比，也可能自認對目前的工作領域「懂得夠多了」，缺乏持續成長的滿足感。至於接觸新事物，不是興趣缺缺，就是裹足不前，如果人際關係又遭遇挑戰，整個人就像蒙上一層灰，怎麼看都不爽朗。

遇到以上情況，先別急著搬家換工作，不妨檢視一下自己的「好奇心缺乏症候群」到什麼程度，再決定下一步該怎麼做，觀察指標可參考以下幾項描述：

1. 笑容越來越少。
2. 抱怨的時間變多。
3. 身體常倦懶無力，提不起勁。
4. 常認為「事不關己」。
5. 常覺得自己「都懂了」。
6. 不再思考如何「優化」工作效能。
7. 很少研究如何把作品、產品或服務做得更好。
8. 處理事情缺乏彈性，堅持「公事公辦」。
9. 容忍力下降。

反映在交談層面上，可能變得更沉默寡言，講話有氣無力，彷彿隨時有低氣壓籠罩四周。對同事、客戶及其他人很少提問，懶得交流。聆聽他人的耐心和專注力下降。只愛聊些言不及義的淺薄內容。越來越常對他人和事件「指手畫腳」，批評居多。

補充說明，「好奇心缺乏症候群」是我自創的名詞，千萬不要打去醫院問要掛哪一科。好消息是，改善良方就在我們自己身上。

除了孩童階段，人們在面對新挑戰和陌生環境最有好奇心，回想當年你喜歡的那個男（女）孩，你會努力找話題，從中探知對方的喜好、家庭背景、害怕的動物、常去的地方、未來的夢想……每次對話都很重要，那是決定兩人關係能否往前推進的前奏曲。

旅行也是，出發前你會做功課，到了當地，立刻變身為《蝴蝶》裡的小主角，看見每塊店面招牌、家家戶戶前院種的花草、餐點上的綴飾，都想攔住路人問個仔細。對迎面而來的氣味、聲音、影像，充滿探索的渴望。願意開口交談的旅人，也往往特別容易收穫精彩的故事和情誼。

如果把好奇心發揮在職場上，又會如何呢？我望向桌上的麥克風，想起當年自己打造個人錄音室的過程，還有後來的發展。

身為享受居家生活的巨蟹座女子，我常幻想邀請來賓到家裡錄音，結束後一起在客廳下午茶。多年前，我以超凡的行動力，回應內心「務實的浪漫」，開始上網查資料，並委請一位前輩代為採購，希望在預算內買到最適合的器材。

經過兩個月，家裡出現麥克風、麥克風架、防噴麥的防護罩、監聽耳機、監聽喇叭、混音器（Mixer）、CD Player、大型MD錄音座，甚至添置了電話連線（call-out）的外撥系統，以及「壓縮限制器」（compressor / limiter）。最後這台設備很厲害，它能讓輸入進去較強的音源訊號變小，讓較小的音源放大，把音量控制在一個較為和諧的範圍。因為主持人和來賓有時對談的音量懸殊太大，或大笑時忘記遠離麥克風，它能確保播出來的成果不會「破音」。

多年後我搬了家，錄音工具隨著時代變遷呈現飛躍式的變化。MD Recoder消聲匿跡，主持人也不再需要一邊講話一邊操作CD Player。所有「乾話」（單純講話的人聲）和音樂都可以先匯入電腦，再做後製混音。殘酷地說，從前買的許多設備早已不合時宜，也不相容於我那「傲嬌」的蘋果電腦，於是，我再度打造新的錄音空間，設備幾乎更新。

這次我更親力親為，徹夜上網爬mobile01（討論生活、3C科技產品及音響設備的網路論壇）、請教電台工程部同事，也詢問幾位音樂家好友，勤跑不同店家試聽麥克風、耳機和監聽喇叭，順便向老闆提出八百個問題，忙得不亦樂乎。

興奮騰出書房空間，由於是租來的房子，不方便大興土木，只好查詢可替代的隔音材質和佈置方案。很多人的做法令我大開眼界，有獨立音樂人用「大型蛋架」貼在牆壁上（沒錯！就是放雞蛋的蛋架），或在牆上掛「棉被」（沒錯！就是睡覺蓋的棉被），有人躲在衣櫥裡錄音，意外發現這招至今仍頗受歡迎。

大稻埕的永樂市場我也光顧了，挑選的每一匹布料都必須克盡「吸音」及「美化空間」職責。最後，紫色絨布當作掛簾，金黃色的布鋪在錄音桌上，我還看中一塊美麗的淺灰色長毛布料，單價不低。聽老闆說，有些人用這種布料做抱枕套，很有豪宅感，我則豪氣將它們鋪滿書房地板，踩在上面彷彿「漫步在雲端」。每位來賓穿越我家客廳，踏入「神祕」的錄音間，都會眼睛一亮，對於大家的反應我很滿意。

「裡面再放一張床，就可以做泰式按摩了。」認識已久的某來賓好友看到深紫色烏干紗門簾，笑著打趣我。

賣設備的老闆不解：「妳是主持人，硬體交給別人弄就好，幹嘛懂那麼多呢？」站在時間運用效益上，「讓專業的來」方便有效率，但自己捲起袖子找答案，確實如同陶德教授對「好奇心」的解釋，在尋求新知識的過程中，可以獲得學習與成長的快樂喜悅。比方光是麥克風，我因此了解「動圈式」（Dynamic）和「電容式」（Condenser）的差異，見識到不同廠牌在音質和外型上竟如此多元，就像逛博物館一樣有趣。

這段「打造個人錄音室」（簡稱「燒錢」）的旅程，讓我建立與自身工作有關、更紮實的知識基礎，從此對主持人的「重要夥伴」有了更深的掌握度和親切感。後來開始教口語表達課程，這些知識正好派上用場，我會提醒學員使用麥克風該注意哪些細節，教起課來更有說服力，學員的反饋也非常好。主持活動時，也更能敏銳聽出透過麥克風說話和空間之間產生的交互作用，談吐表現更有質感，對控場也大有幫助。這段歷程也是很有趣的聊天話題，發現對此有興趣的人還真不少。

學習過程也不免犯錯，後來才知道，我買的大部分設備遠超出一般廣播主持人所需，我的麥克風收音「太靈敏」，像隻容易受驚嚇的百靈鳥，完全不適合每天樓下有垃圾車經過、也沒有裝隔音氣密窗的老公寓。奢華的長毛地毯，美則美矣，卻很難保養。不過設備只是載體，像近年在台灣興起的Podcast（播客），以及遠距直播教學，只要買幾千塊的麥克風也足以堪用，重點是探索的精神，享受學習實踐的喜悅。

有好奇心，才會在交談中發現新契機，讓人對你有更深的印象。通常我接到一個案子，不只完成自身任務，連帶該公司的發展方向、近期計畫都很有興趣了解，面對負責聯繫的窗口、當天協助的工作人員，只要有時間，我一定會多聊多問。由於出自單純的好奇與關心，並沒有帶著強烈的「目的性」，互動起來特別放鬆，反而延伸出不少合作機會。

在眾多授課經驗中，到政府機構教課是很有意思的挑戰。絕大部分公務員是被指派來上課，有時是抽籤決定，往往一進教室，會看到大家端正坐在台下，神色有點緊張或疲憊。問起學習動機和目標，同仁們很老實坦承，並不是每個人都有機會主持活動，對此也不特別感興趣。不過，我的課程比較「軟性」，他們就像駱駝走了一整天的路，可以在綠洲稍事休息。

也有同仁特別積極發問，樂意分享自己的經驗，甚至想過公務之餘或退休後，可以當志工或主持活動，經過私下了解，這些同仁在工作表現也確實出色。

隨著課程進行，我看到越來越多學員開始對主持及人際溝通產生興趣，眼神和表情的變化可說明一切，笑聲不時響徹教室，演練也越來越投入，不再只是被動聽課。最後QA交流時間，舉手發問的人變多了，有些學員告訴我，上完課，他們開始反思自己的說話習慣，也不再排斥長官指派主持任務，反而躍躍欲試。很開心看到這些轉變，代表他們的好奇心被喚醒了！我一直相信擁有好奇心會有更好的發展，即使待在原崗位，也能在現有環境找到成長的空間和看待工作的新眼光。

好奇心幫助你在職場保持活力、釐清志向和工作中遇到的問題，還有廣結善緣。我們很難了解每個產業和職務的全部面貌，若在初入職場或轉換工作時，不只應答面試官的單方提問，也適時發問，將獲得更多對該公司和應徵職務的了解，這樣做可以減少進入公司後，發現工作職掌、主管期待、企業文化與心裡期待的落差。人資主管也會從你的提問水準、好奇的雙眼、表達自身想法，判斷你對應聘職務有多大的興趣和熱忱。如前面所提，擁有好奇心，才會主動優化工作效能，思考如何把作品、產品或服務做得更好，也才會謙卑，知道自己還有很多值得學習的地方。

有一點很重要，你的好奇心，切勿造成他人的困擾，務必尊重對方的時間、隱私和專業。有問題想請教，請找適當的場合和時機，最好先詢問對方：「〇〇，你現在忙嗎？方便聊五分鐘嗎？還是你什麼時候比較方便講話？」並快速切入主題，好讓對方有足夠資訊判斷，該先放下手邊的事聽你說，還是可以稍晚再聊。如果你是被詢問的一方，不妨明確表示：「我現在可以聊五分鐘，待會還有份企劃案要忙。」這樣彼此有個底，避免漫無目的閒話家常，或終於聊到重點，但已經過了一小時。

辦公室常見的風景是，同事正在趕案子，某人卻慢條斯理拿杯咖啡，踱步到同事桌邊大聊特聊，或連續發好幾則Line訊息給對方，但內容語焉不詳，沒有重點，讓人傷腦筋。根據研究，工作的節奏和專注度被打斷，至少得花十幾分鐘重新進入狀況，有些人需要更久，同事可能不好意思當下拒絕你，但幾次下來，在他心裡肯定會對你扣分。

太私人的事情不刺探，請教意見也要適可而止，即使是尤達大師，並沒有義務教導你所有事，對方之所以能走到現在，背後付出許多努力，若想著一口氣挖走所有know how，那就不太厚道了。

無論社會資歷深淺，試著用「孩子」和「新人」的眼光，去發掘現有工作的各種角度，請教有經驗的人如何度過職場倦怠期，如果一切都弄清楚了，發現對其他事物的好奇心和期待，遠勝於目前的工作，最後決定經營民宿或轉換跑道，將會是更清晰明智的選擇。

且讓好奇心成為你的嚮導，迎接更寬廣的職涯人生。

破除對年齡、性別、職業身分的刻板印象

「生活中出現的各種嚴重爭端中，有九成來自於誤解。來自一個人不知道某件事對另一個人很重要，或者不重視他人的觀點。」

——最高法院大法官路易斯．布蘭迪斯（Louis D. Brandeis）

「你對人有刻板印象嗎？」

希望這個問題沒有冒犯到你，我是真心好奇。

「怎麼可能？我對人向來一視同仁，根本就是電影《與神同行》裡公正判斷是非善惡的閻王判官呢！」或許你會這麼說。

我承認對尚未謀面的人曾有「先入為主」的印象，也被這樣對待過，先分享今年發生的一則小故事。

話說，某次國防部邀請我演講，收到邀約的不久前，韓劇《愛的迫降》大受歡

迎，這部描述北韓軍官（玄彬飾演）與南韓財閥女繼承人（孫藝珍飾演）的浪漫愛情故事，我也看得非常著迷。於是，當收到國防部來信，我精神為之一振，立刻想像一個充滿陽剛氣息的環境，台下都是英姿煥發的國軍好男兒，直到聯繫窗口認真補充：「很高興潘老師願意答應，還有一個誘因，會讓老師想來。」

難道是長官長得像玄彬嗎？大腦再次調度畫面，一身戎裝挺拔的男主角對我微笑。

「我們處長是國軍難得一見的女性上校，很年輕，而且她也希望老師來。」

「那一定要好好拜會一下！」我趕緊回覆，同時內心感到羞愧。女性軍官在台灣早已不罕見，我竟然犯了這種錯誤，太汗顏了。

「我以為你會說，當天玄彬會來。」跟這位窗口溝通過程很愉快，我老實招認內心原本活躍的小劇場，也為先入為主的想法致歉。

「那就只能犧牲我自己當玄彬了。」對方很可愛，如此幽默回答。他繼續補充，當天聽講的成員也幾乎是女性。

「老師，那天我會努力把自己當玄彬的！」窗口很盡責地把這件事放在心上。

孩子，謝謝你，真的不用這樣。（笑）

儘管時代已經進展到ＡＩ人工智慧隨處可見，到火星旅行也指日可待，人們對「性別」仍有根深蒂固的既定印象。比方，男性說話一定俐落扼要，女性容易感情用事、缺乏邏輯。事實上，我訪問過不少男性來賓非常感性，溝通方式很細膩；也認識講話毫不客氣、如雷射刀般鋒利的女性朋友。若單純以「生理性別」來判斷該用什麼語氣或方式來進行對話，很可能邁出誤解的第一步，偏離期待中的溝通航線。經過這次事件，我也更提醒自己，接到任何任務，先不要理會腦海中浮現的傳統標籤，多問多了解，眼見談過為憑。

第二個在交談中不自覺流露出的刻板印象，就是對於「年齡」的既定成見。人們不自覺會停留在過往印象，忽略對方後來的改變。曾經的部屬晚輩，在闊別多年後，很可能成為比我們見識更廣、能力更強的人。我以前的許多電台同事剛入行時都很年輕，有些甚至不到二十歲，隨著時光推移，大家都在彼此看不見的地方默默成長，現在他們各別當了飯店公關、藝人經紀人、遊戲公司主管、知名兒童節目主持人，表現十分出色。這些年輕同事曾問我許多工作上的問題，趁廣告空檔跑進錄音室跟我閒聊，現在我遇到疑惑也會向他們請教，我們之間不存在年齡差距的隔閡，情誼維繫得很長久。

許多創業家更是英雄出少年，若看對方「年紀輕輕」，就小看他的成熟度和專業能力，用「上對下」的說話態度，拉出楚河漢界，將容易錯失自己吸收新知及潛在合作機會，十分可惜。

另一種年齡偏見則是低估比我們年長的人，認為年長者體能不如年輕人、不懂新科技，或對新事物接受度很低。我認識非常多時髦有活力的長輩，比方我母親就是其中一位，七十幾歲的她，把自己打理得很好，走路身姿直挺，比我還熟悉Line的使用，新冠疫情期間，她還學會線上讀書會，對著手機螢幕跟一群同好進修。媒體也報導過八九十歲的爺爺奶奶們，健身衝浪跳舞，練就一身好體魄，還能在健身房舉重五十公斤，我希望自己來到他們的年紀，也能如此積極向上。

這讓我想起二〇二〇年主持台灣最大熟齡媒體《50+》的年度讀者派對，地點在W Hotel，當天現場有四百多位熟齡讀者，各個活力充沛，熱切吸收新知，專心聽台上講者分享如何活出精彩的「人生第二曲線」。演講嘉賓包括越活越輕盈的金鐘影后王琄、台大管理學院院長郭瑞祥、南山人壽副總陳維新，還有知名的許瑞云醫師。十多年前訪問過許醫師，去年出書有幸跟她一起同框直播對談，覺得歲月在她身上沒有留下什麼痕跡。

活動開場很吸睛，一群帥氣的「熟男天團」帶來熱力四射的舞蹈表演，聽說靈感來自二〇一九年舉辦的「熟齡街舞計畫」，當初《50+》號召並徵選讀者一起拍攝街舞MV，沒想到大受好評，累積點閱數破千萬。有鑑於第一次都是女性參加，大家敲碗期待「大叔版本」，於是有了隔年別開生面的熟男演出。

另外值得一提的是，《50+》成立初衷是鼓勵熟年男女「用新的方法，創造自己的理想老後」，創辦人暨總編輯王美珍是我的老朋友，當初她催生該媒體才三十幾歲，團隊同仁平均年齡也才三十多歲。美珍不僅聰慧，也有顆「老靈魂」，在她二十幾歲的年紀，主動拿起攝影機，採訪記錄了台北公館區空軍單身宿舍「芳蘭山莊」三位榮民伯伯的故事，這些空軍退役老兵因為戰爭，離開原本的家鄉和親人，來到台灣後，經濟條件欠佳而終身沒有結婚，軍方配給的三坪大宿舍，成為他們一輩子的「家」。紀錄片取名為《一人三坪六十年》，在這一間間「歷史的單人房」

裡，到處是故事，只是住在這裡的人們始終少了談話的對象。我當初看完電影，心酸感傷。

過往媒體與閱聽大眾保有一定程度的疏離，《50+》的工作團隊和讀者之間反倒像朋友也像家人，有一種親切信任的連結。

忽略身分證上的年齡數字，多關注對方的內在品格與智慧，那麼在意年紀而錯失交流機會的遺憾，就不會那麼常發生。

最後讓我們聊聊對於「職業身分」的刻板印象。回想進入職場的頭十年，我為了增加收入和實現寫作理想，趁主持之餘接了一些雜誌和網站採訪工作。有次幫知名入口網站採訪幾位企業老闆和業界大師，採訪過程很棒，可惜開會時，網站主管和聯繫窗口全程以命令的口吻跟我說話，坦白說心裡不是很舒服，自尊也有點受挫。

當時參與開會的其中一位受訪者，是知名運動行銷公司的創辦人，我在電台工作時與他有過數面之緣，也有共同好友，碰到面會小聊幾句。這位大哥非常海派爽朗，看到我很高興，當場對大家說：「你們能請到月琪真是太幸運了，她是很優秀的電台主持人，沒想到她文筆那麼好，能被她採訪太好了。」當他講完，所有人對我的態度出現變化，對我客氣許多，「無名小卒」終於被正眼看待了。

反省當時的自己，從「主持人」轉換為「採訪編輯」角色時，比在錄音室裡少了自信底氣，應答太過客氣，對方不禮貌也一直微笑，什麼都說「好」，會被這樣對待，現在回想起來也是很能理解的。

衡量對方的職位身分，來評估要給多少禮遇尊重，在職場上十分常見，如果遇到有人不把你當一回事，展現實力是最好的辦法。若等不及「路遙知馬力，日久見人心」，也還無法做到「自己的價值由自己定義」，那麼，盡量想清楚再開口，穩定說話的音量語速，不需要討好對方，更毋須虛張聲勢來武裝自己，因為人類天生有能力辨識對方的微表情，只是這個能力有人高一些，有人少一點。

為了破除性別、年齡和職業身分的刻板印象，尊重所有個體的獨特性，我們有必要擴大涉獵的議題範圍，多跟不同類型的人進行對話及思辨，也透過每次溝通問題發生，反思自己是否陷入某種偏見，以致說話態度明顯不同。

想要擴大視野，「閱讀」永遠是我的首選建議，欣賞相關題材的優質電影是另一個好選擇，經濟實惠且成效顯著。

以下幾部電影我強力推薦，《關鍵少數》（Hidden Figures）講述的是非裔女科學家凱薩琳・強森（Katherine Johnson）對於人類邁向太空的卓越貢獻。紀錄片《RBG：不恐龍大法官》（RBG）講述美國聯邦最高法院年紀最長、最家喻戶曉的大法官露絲・拜德・金斯伯格（Ruth Bader Ginsburg）的傳奇一生。《露絲博士：性福全靠她》（Ask Dr. Ruth）則是介紹全球知名的性治療師露絲・魏斯海默（Ruth Westheimer），她在民風保守的八〇年代初期，以輕鬆幽默、犀利敢言的方式，為大家解答性愛與情愛關係的各種疑惑，成為第一位敢公開大談「性」話題的專家。露絲博士不只是極受歡迎的節目來賓，更橫跨廣播電視主持及演講，出版著作超過四十本，今年她已經九十三歲，依然教學不倦，繼續幫助大家迎向「性」福人生。

另外，《我和我的冠軍女兒》、《舞動人生》、《丹麥女孩》等等，都是好看又發人省思的電影佳作，如果你有推薦清單，也歡迎來信與我分享。

從演化過程來看，人類大腦長期培養出自動把萬事萬物「分門別類」（貼標籤）的認知天性，要不被大環境與長期所受的教育文化、意識形態所影響，是極高的挑戰。直到現在，我還無法做到佛法常提的「無分別心」，對某些人事物還是會冒出刻板印象，如果你發現了，請溫柔提醒我，我們永遠可以一次次微調修正，感謝人生有那麼多可以學習成長的機會。

為值得的事情而勇敢

「為比自己更大的目標而活。」

——TED策展人克里斯·安德森（Chris Anderson）

「言語的溫柔力量，是送給世界最美的禮物。」是二〇一七年我在TEDx Suzhou年會發表演說之前，腦海裡不斷浮現的句子，後來成為我的TED講題，也成為我倡導言談美學的核心精神。

近年反覆縈繞在我心裡的另一句話，跟當初「言語的溫柔力量」突然從天降臨的感覺很相似，我有種強烈共鳴，這句話彷彿被上帝親吻過的祝福，帶著很大的正面力量，那就是「為了值得的事情而勇敢」。

後來，每當我接下一些很有價值也挺挑戰的工作，就會在心裡默念這句話，重新「校準」當初答應那件任務的初衷。問題並不會就此消失，但人立刻精神多了，從體內湧起一股勇氣和行動力，得以繼續該做的事，難道這句「咒語」內含安定情緒的神祕草藥？

「為值得的事情而勇敢」這句話也很適合鼓勵自信心不足的人。回想某次教「人物訪談力」課程，其中一位學員是公司主管，表達能力很好，說話輕輕柔柔慢慢的，聽起來很舒服。她進修過一些口語表達課程，但沒有上台做大型簡報的經驗，上司指派她兩周後對公司內部幾百名員工做一場簡報，她非常緊張，問我怎麼準備比較好？

我誠懇告訴她：「妳的表達能力已經很好了，對於要講的內容也很清楚，問題不在技巧上，只要調整一下心態就好。妳可以這麼想，這場簡報是一份送給大家的禮物，有這麼好的機會，可以把妳想傳達的理念告訴大家，想想看會有多少人因此受惠，這不是很棒嗎？妳要為值得的事情而勇敢。加油！妳可以的。」

講這段話的時候，不知為何，我竟然眼眶發熱，都被自己感動到了。因為這位學員提過，她的工作有一部分是負責慈善募款，未來有更多提案任務都跟「助人」有關，如果她能好好發揮溫暖善良的人格特質，把慈善工作做得更好，那真是莫大的功德。因此我特別希望她能突破內心障礙，勇敢站在更多人面前。

兩周過去了，學員很開心告訴我，我的一番話讓她「茅塞頓開」，後來她大幅調整簡報方向，心態也不一樣了，結果上台很成功，收到很大的迴響。很快地，公司又安排她另一個對外的大型簡報任務，她坦承還是會緊張，但有更多興奮與期待，因為她記住了這句話，重新找到工作的意義和價值感。

世界知名的華頓商學院教授亞當・格蘭特（Adam Grant）是知名暢銷書《給予》（Give and Take）的作者，他在遇到困難任務時，會問自己這麼做能夠帶給他人什麼樣的好處，藉此激勵自己。我很喜歡這本書，亞當教授的自我叩問，我心有戚戚焉，深有「吾道不孤」之感。

另外一個例子也很令人欣慰，有位讀者透過臉書私訊我，她即將在女兒的婚禮致詞，雖然事先寫了稿子，還是好緊張。這是她第一次上台對大眾說話，很怕腦袋突然空白或忘詞，於是鼓起勇氣留言，問我能否提供一些專業建議。

結婚是大事，我能想像這位母親的心情，其實近年我越來越忙碌，無法像從前一樣，每一封訊息都立刻處理，我會視來信內容的完整度和輕重緩急，以及對方的禮貌程度來決定是否回覆。當我看到這封訊息，對方來信的口吻情真意切，便很快回覆她，內容大致是這麼寫的：

「○○妳好，恭喜妳的女兒即將大婚，這真是好值得歡慶的消息！許多人上台說話都會緊張，妳不要想著要對大眾致詞，而是一位愛女兒的母親，跟當天來祝福女兒的親友們說說話。懷抱祝福的心意，分享妳對新人的祝福，這樣就會很動人。事先擬稿很好，不看稿子會更自然，如果當場有更想說的話，就不用執著原本寫好的內容。如果拿著稿子比較安心，那就拿著，當作輔助。這是美好的場合，一切自在開心，為了值得的人和事而勇敢，衷心祝福下周婚禮一切順利美好！」

這位讀者收到我的回覆很驚喜，她說家人原本都不相信作者會回信，沒想到我不但很快回了，還用心給了建議。婚禮結束，再次收到這位母親的訊息，她順利完成致詞，但為自己打了分數，懊惱可以表現更好，實在很可愛。

個性越認真的人，越看重的場合，越容易對自己的表現不滿意。所有父母請放寬心，在子女最重要的場合現身祝福，已是獨一無二的珍貴禮物，講話時嘴唇顫抖，致詞沒有那麼順暢都沒關係，只要你在，就很圓滿。

簡單一句話，足以改變內在的動機和認知，所有的挑戰和磨難，背後都有其意義，用心完成後，有甘甜的果實可以贈與很多人，自己也飽嘗一頓，當遇到瓶頸和挑戰時，不妨回想一下，哪些事情驅使你願意行動？你是否願意為了所愛的人事物而勇敢？

我想，上天把「為值得的事情而勇敢」這句話放進我的心裡，或許因為我正是那個最需要被鼓勵的人。比方寫這本書時，我「卡關」得很嚴重，進度極其緩慢，好不容易坐在電腦前，時鐘分針都轉了三圈，螢幕上只出現半行字，不免氣餒。儘管再厲害的創作者也會面臨類似的難題，也各有解決之道，我依然十分苦惱。然後某天夜裡，我想起上一本《質感說話課》出版後，許多讀者告訴我，他們很喜歡我的文字，被書中提倡的理念所打動，開始留意自己的說話方式，也學習跟家人同事溝通，我腦海中再次浮現「為值得的事情而勇敢」這句話，如果把這本書好好寫完，可能很多人受惠，有了版稅，也多點收入可以幫助需要的人。於是我又打起精神，乖乖坐回桌前，讓指尖在鍵盤上飛舞，也終於有了這本書的誕生。

最後，分享一則我在網路上溫習的小故事，無論你有沒有看過，邀請你再讀一次。

二〇〇六年，六歲的美國女孩凱瑟琳（Katherine Commale）透過電視看到非洲村落的悲慘景象，許多孩子因為瘧疾肆虐而死亡。她想到蚊帳可以防蚊，但媽媽說蚊帳太貴了，非洲家庭根本買不起。於是小小的凱瑟琳偷偷把餐費省下來，打算買蚊帳寄到非洲，救助跟她差不多大的小朋友。接下來的故事發展你可能知道，她打聽到有個「只要蚊帳協會」（Nothing But Nets），捐款給這個組織，他們就會幫忙購買蚊帳寄到非洲，捐贈十頂蚊帳，還可以得到一張捐贈證書。

除了她自己和家人努力存錢和義賣二手物品募款，聰明的凱薩琳靈機一動，她可以自己設計「證書」呀！大家捐款給她，就能獲得她親筆簽名的證書，她再把款項捐給「只要蚊帳協會」，不就可以買更多蚊帳了嗎？天真又熱情的行動，感動了無數人，一傳十，十傳百，善款數字從涓滴小溪，很快匯聚成大江大海。

她更鼓起勇氣寫信給世界首富比爾．蓋茲，開頭是這樣的：「親愛的比爾．蓋茲先生，沒有蚊帳，非洲的小孩會因為瘧疾死掉，他們需要錢，可是錢在您那裡……」

結果「比爾與梅琳達．蓋茲基金會」捐了三百萬美元，更於二〇〇八年拍了一部《孩子救孩子》公益紀錄片，主角就是「非洲蚊帳大使」凱瑟琳，並邀請她親往非洲土地，看看她所帶來的改變。

年紀那麼小的凱瑟琳，為了值得的事情而勇敢，不僅救助無數的非洲孩童，也讓許多大人們的愛心再次跳動，後續還引發更多正面效應，看完這個故事，我的眼眶又不爭氣地紅了。雖然很遺憾蓋茲夫婦今年發佈離婚消息，但這份大愛永遠不會消失。

期許我們都能為了值得的人事與理念而勇敢，付諸行動，堅定向前。

不只表現專業，讓對方感受你話語的溫度

「只要你可以幫助他人理解到你是真心在乎他們，你就開啟了通往連結、溝通與互動的大門。」

——約翰．麥斯威爾（John C. Maxwell）

每個人在不同時期，會興起強健體魄的念頭，如果運動習慣沒有建立起來，這種反覆報名健身房的念頭和衝動，一生中會循環好幾次。為了健康，去年我加入某間健身中心，合約包含必須加買三堂一對一的私人教練課，說來汗顏，我的談判能力有待加強，無法說服業務送我這三堂課。

有經驗的朋友應該很熟悉，這三堂課偏向「體驗課程」，對健身中心及教練來說，重點是上完之後，會員是否願意繼續購買私人教練課程，通常一次需購買六堂到二十四堂不等。

第一堂課很輕鬆，教練先用專業設備評估我目前的體能狀況，包括體脂率、筋

肉量、骨質密度等等，並詢問我對自己健康的期待、工作類型和生活作息，再規劃適合的體能鍛鍊方案。那天上課沒有燃燒太多卡洛里，但回到家我啃了小黃瓜，還把保溫瓶裝滿水當作啞鈴，因為測出來的數據顯示，我竟然有著與外表不符的高體脂率，肌力也略低於同齡女性的標準值。

第二堂課我充滿雄心壯志，全副武裝，準時報到。健身中心分配給我的教練入行超過十年，對館內設施如數家珍，他快速帶我穿梭在「設備叢林」，每項設施先親自示範一次，再看我做一次。這點非常重要，正確使用健身器材，保護自身與他人安全，是最需要傳達給學員的知識，若稍有不慎，非但無法獲得有效鍛鍊，被沒固定好的器材砸傷或肌肉拉傷，可就得不償失了。

重頭戲來了！教練以逼近「和尚端湯上塔，塔滑湯灑湯燙塔」的繞口令語速，接連介紹了好幾項器材，可憐的耳朵來不及把聽到的訊息傳輸到負責短期記憶的大腦海馬迴（Hippocampus），就聽到：「好！我們到下一站。」中途好幾次，我見縫插針問一些細節，教練也會回答，只是臉上沒什麼表情，語氣很急促。

趁著從A器材走到B器材的空檔，我主動關心教練手背上的一處傷口，「這個啊？是被我家的貓抓傷的啦！牠是流浪貓，防衛心很強，有時候會不小心抓傷我，但我又捨不得處罰牠。」教練邊解釋邊拿出手機展示他可愛的條紋橘貓，聲調有了溫度，我也終於看到他露出笑容。

「原來是個愛貓又有愛心的人呢！」我心想。

一小時課程結束，坦白說，大部分器材操作順序和動作我都忘記了。

有了第二堂課的寒暄小聊，教練對我親切不少，但還是如趕路般，飛快介紹每一樣健身器材，看我做完指定動作，即刻趕往下一個目標。

當我整個人趴在俯身器上，雙腿努力彎舉沉重的單槓，像隻離岸快脫水的魚，耳邊突然傳來教練的嘆氣：「唉，不知道為什麼，這裡的櫃檯都不喜歡我。」

我努力調整氣息，一邊回應：「怎麼說呢？」

他開始一五一十跟我描述被同事冷淡對待的工作日常，覺得人際溝通很困難。

「妳覺得我該怎麼做？我完全照著公司程序做事，為什麼他們要這樣對我？」

出於本能和後天習得的職業病，與人相處時，我會意識到對方在他身處的角色語境，所表現出來的言行舉止是否得宜。經過短暫相處，我發現這位教練在專業技能沒話說，工作十分認真，為了精進專業，甚至花了幾十萬進修，拿到不少專業證照。可惜說話態度太「公事公辦」，講完自己要表達的內容，並沒有適時關心學員是否聽懂了，每次上課我都猜想教練後面有事，因為他總是頻頻看錶，似乎很想趕快結束這次訓練。

聽完教練的苦水，當下我並沒有給意見，大多時候人們只是需要抒發一下情緒，在雙方還沒有建立足夠的信任，也還不了解全部的狀況，單純聆聽會是比較好的做法。

最後，三堂體驗課程結束，教練知道我沒有意願繼續購課，並沒有多說什麼，我主動提及：「我有你的Line，如果其他朋友需要教練服務，我再推薦給你。」這是真心話，每個人喜歡的學習風格不同，或許有朋友只需要教練盯著他持續健身，偶爾給予技術指導就好，那麼我就可以協助「媒合」。可惜教練又開始看錶，迅速起身送我離開，對我的話沒有反應，應該是下一個學員快要到了。

以人際關係的「弱連結」（weak links）來說，點頭之交、朋友的朋友、遠房親戚都很可能是你的貴人，就算這次無法成交或合作，未來都有機會，我有些案子便來自只見過一兩次面的新朋友，還有來上過短期課程的學生，很感謝他們。無論行程多緊湊，重視每一次相處，好好把注意力放在對方身上，展現出專業的一面，當有適合的工作機會，因為對你留下好印象，對方比較容易想到你，進而推薦你。

我一直很強調「好奇心」的重要性，你是否對眼前的人感到好奇？這部分要懂得觀察，有些人不喜歡被探問太多，有些人則喜歡被關心，無論如何，善用有限的互動時間，多開口詢問，了解對方的需求和現狀，較能提供最適合對方的服務方案和建議。

每個人都難免有自己沒有覺察到的盲點，以這位教練為例，可能沒有發現自己說話很快，沒有給對方足夠時間消化資訊，另外，跟客戶尚未建立信任關係之前，就傾吐跟同事不合的狀況，這也不妥當。大家上健身中心，希望獲得專業指導和抒壓，不會太樂意承擔他人的負面情緒，如果犯了以上對話慣性，被消費者青睞的機率就大為降低了。

有趣的是，體驗課結束後不久，剛好農曆春節到來，這間健身中心的業務顧問傳簡訊向我拜年，我也禮貌回祝他「新年快樂」。過沒多久，業務直接來電：「潘姐，我想問妳要不要續約？」捎來節慶問候很窩心，我也欣賞他如此勤奮工作，但農曆春節是闔家團圓和休息的日子，若能等開工後再詢問續約問題，會更體貼。這些都是很小的細節，卻帶給人截然不同的感受。

我總是祝福每個人都能走在夢想道路上，實踐天賦，工作順利。如何在日復一日的職場生活中，仍能維持話語中的溫度，對他人保持耐心，在嘗試拉近彼此關係過程中拿捏分寸，確實很不容易，不妨先從留意這些交談過程「最重要的小事」開始吧！

打開「心」視界，跟攝影大師學習交談

「所有紀實工作都是一種施與受，必須跟你想拍攝的人建立關係。」

——紀實攝影師史蒂芬妮．蘿柏絲（Stephanie Roberts）

我跟台灣知名文化創意教育機構「學學」（Xue Xue）愉快合作多年，主要開設「風格主持力」及「人物訪談力」課程，在這裡教課非常享受，任何一處空間都充滿美感，連洗手間都讓人流連忘返。透過「學學」，我認識了許多素質極佳、十分聊得來的學員，也認識了不少台灣業界翹楚，加上工作同仁笑臉盈盈，負責我課程的學務細心妥貼，儘管上課地點有點遠，交通往返時間常常超過正式上課時長，但每次學務問我下一期打算幾月開課，我還是馬上打開行事曆，把時間留下來。

有一回收到通知，他們體貼安排為合作的講師們個別拍攝形象照，特地邀請曾經拍過張惠妹專輯封面的知名攝影師張雍（Simon Chang）掌鏡。

Simon長年旅居東歐，後來落腳在遙遠的斯洛維尼亞（Republika Slovenija），這個巴爾幹半島的北端小國，人口只有兩百多萬人，曾拿下歐洲籃球錦標賽冠軍。從事影像創作的他，常把目光聚焦在社會邊緣處，作品充滿深刻的人文氣息。二〇一七年欣賞過他的《左心房／右心室》攝影展，鏡頭下那些歐洲難民、精神療養院患者的容顏姿態，內斂沉靜，又帶有深邃的美感，令我印象深刻。他也拍自己的妻子女兒，純真而美麗。

「走過大山大海，見識過底層苦難的男人，該跟他聊些什麼呢？」見面前我心想，也自問「講師」這個身分對外該呈現什麼樣的面貌？更好奇攝影大師會捕捉到我什麼樣的神韻姿態？鏡頭下凝結的那一刻，是否能忠實還原一個人的真實？

到了現場，心中大石放下，胡亂發散的思緒頓時歸位。眼前的攝影大師滿臉鬍子，是挺粗獷的，講起話來溫柔輕語，跟外型反差頗大，舉止態度宛如歐洲紳士，我們輕握雙手，互相自我介紹。

「Simon你好，今天就麻煩你了。」

「月琪妳好，妳想怎麼站都好，放輕鬆。」

「那我就隨便站喔！」

「可以啊！」

大師返台行程很緊湊，在他身上卻看不出任何匆忙，一邊測試相機和周遭光線，一邊微笑與我閒談，問我教的是什麼主題。以往都是我安撫緊張的來賓，引導他人講話居多，可以被這樣關照，感覺很特別。

聽我簡述完自己的職業和教學理念，他認真地說，在人工智慧崛起的未來，「口語表達」這樣由「心」出發的專業，是不會被取代的。「像妳這樣的人文思考特質，在當今社會是很重要的。」

世界變化快速到令人心慌，看似從容的外表下，為了保有初心，不被潮流淹沒，我不定期會經歷一番內心交戰，聽到這番話，有種被理解和肯定的欣慰。

很快發現，Simon非常擅長與人互動，而且會用一種很自然的口吻帶動話題。「人物」是他長期拍攝的重點，我相信對人有興趣跟好奇的人，本身也是內心溫柔的人。「拍攝只是一個藉口，重點是我想了解人的故事。」大師如是說。

不過，攝影大師也有小小的苦惱，那次回台灣工作，主辦單位希望他在手機下載Line App，好方便溝通。不喜歡被科技綁架的他，其實內心有些抗拒，但終究貼心下載了。我半開玩笑半認真建議：「等你回歐洲再刪掉就好啦！」

「我就是這麼想的。」我們笑了起來。

隨興聊天過程，Simon隨手按下幾次快門，不知不覺，拍攝任務就完成了。因為聊得太愉快，有點擔心最後呈現出來的畫面，會不會講師照是一個中年女人咧嘴大笑的樣子？

「別擔心，就做妳自己。」

由於太放鬆，我的肩膀有點駝，他細心提醒並說：「沒關係，我目前拍過的講師裡面，只有一個人沒有駝背，他平常有打拳擊。」嗯，默默把拳擊列入未來學習清單。

拍攝順利結束，「祝妳有個愉快的周末。」我換下黑色套裝，穿回適合度假的休閒長洋裝，腳步輕快離開大樓。走沒幾步，見到Simon正坐在花台上休息，我微笑上前再次打招呼，他一時間認不出我來，接著很快想起，笑說：「妳這樣穿也不錯啊！」我們又小聊起來。

剛剛有正事，儘管交談氣氛很輕鬆，話題還是偏向工作上的交流，任務結束後，心情更放鬆，聊天範圍就更自由了。因為張雍久居歐洲，我提起非常喜歡各國音樂，隔天要去聽一場音樂會。

「妳知道John Cage嗎？他有一次在個人音樂會上故意完全不彈琴，現場藏著攝影機，全程錄下他從出場時台下觀眾的鼓掌聲，也錄下全場音樂會少了琴聲之後的環境音，還有最後結束時，觀眾的熱烈掌聲。這些寂靜，這些聲響，都構成音樂的一部分。」

John Cage是美國前衛派古典作曲家，也是二十世紀最重要的音樂家之一，充滿實驗精神，台灣曾出版他的《心動之處：先鋒派音樂宗師約翰・凱吉與禪的偶遇》一書，跟Simon聊完之後，這本書也立刻列入待購清單。

「我想妳會喜歡的，很抱歉我得回去繼續工作了，祝妳周末愉快！」他二度伸出手，向我握了握。

張雍不只是傑出且具有人文精神的攝影師，也是非常棒的談話對象。屢獲大獎的紀實攝影師史蒂芬妮・蘿柏絲提過，紀實攝影的挑戰之一，要致力突破拍攝者和被拍攝對象之間的無形界線，「看到想要拍攝的人，趨前自我介紹，提出問題，培養默契，與拍攝對象建立連結之後，再去考慮要不要把相機拿到眼前。敞開心胸，容許自己展露感性的一面。越能突破自己的界線，你與拍攝對象的距離也就越靠近。」

有沒有發現，以上的攝影要訣，也完全適用於職場上的人際相處。Simon在這個部分做得非常自然周到，他對人與世界有著充滿善意的好奇心，接受媒體訪問時他說：「拍照像是在調收音機的頻道，去找到對方正確的頻率。」這也是「質感對話」很重視的一點，人們對於自己熟悉的工作範疇，常常忽略他人可能緊張或不適，若能隨時留心對方的狀態，過程中體貼引導，靈活轉換話題，找到對方最自在有興趣的話題和對談方式，就能營造融洽的工作氛圍。

最需要克制的是不自覺強調自己的「豐功偉業」，人們都期待獲得青睞與尊重，尤其職場上初次見面或打算合作，介紹自己特別有成績的經歷，以及目前的核心事業，好幫助對方在最短的時間認識自己，合情合理也很應當。但若提到的頻率太密集，無論對方說什麼，都沒有興趣往下多問，只是不斷回到「我做過這個」、

「我做過那個」、「我跟〇〇〇認識」，反而適得其反，澆熄對方與你繼續談話的興致。

一場有價值的質感對話，需要彼此共同成就，其實一個人有多少專業和內涵，在言談行止間很自然就會流露出來，毋須刻意為之。把焦點放在對方身上，多拋出跟對方有關的話題，無論下次何時能再見，或是否合作，至少這次雙方都得到愉快的心情、一些新知識，還有對彼此又多了解幾分。

對了，你以為張雍和許多演說家一樣，從小口才好又外向嗎？這位攝影大師透露自己小時候很害羞，晚上會回想起白天遇到而不敢上前交談的人，暗自覺得遺憾。如今，他變成一個可以透過鏡頭和言語散播溫暖、啟發他人的人，這再次證明，每個人都有無限潛力，只要願意打開「心」的視界，就有機會消除人與人之間的隔閡，照見彼此最真誠的一面。

披著盔甲的武士，也期待被關心與理解

「我們必須牢記在心的是，沒有任何人可以看見他人的處境與問題的全貌。」

——美國社工師及病患教育專員亞莉安・多蒙帝（Adrienne Dormody）

如果你喜歡針鋒相對、充滿魅惑的人物對白，可以接受譏諷直白又暗自叫好的對話，法國電影通常不會讓你失望。有些電影在自己國家賣座極佳，甚至獲得國際獎項殊榮，可惜在台灣能見度不高。比方二〇一九年上映的《市長你累了嗎？》（Alice et le Maire），是我認為被低估的遺珠之一。大致劇情如下，在政壇打滾三十年的里昂市長保羅・德哈諾（Paul Théraneau）在工作多年後，漸漸失去動力，團隊幕僚建議他接受心理治療，但市長認為自己只是想法枯竭了，向「哲學」取經或許是解方。幕僚因此延攬曾在牛津大學任教的年輕哲學家艾莉絲・海曼（Alice Heimann），主要任務是提供想法，協助刺激市長思考，帶來與「市政」有關的新觀點。

兩人第一次見面，市長誠懇自白：「我曾經信手拈來就有很多想法，但某天醒來，發現想法都不見了！我像是一台引擎很好的跑車，但我沒油了，油箱沒油了。事實上，二十年前我就不再思考了。」

坦承自己遇到的瓶頸，並不是件容易的事，尤其居上位者。但面臨職場困境，必須夠勇敢，願意信任同事及顧問，把困擾已久的問題娓娓道出，才有機會找到突破的可能性。

市長政務繁忙，隨時有空檔便召喚艾莉絲跟他聊個幾分鐘。起初，兩人理念不合，各有立場，偶爾劍拔弩張，所幸市長的溝通風格並不強勢，艾莉絲用心執行每次臨時交派的任務，以真誠而清澈的眼光和視角提出看法，在一次次對話中，逐漸鬆動彼此原有的固著觀點，市長開始對她另眼相待，越來越倚重這位年輕顧問，逐漸發展出一段平實且珍貴的職場情誼，也可說是「忘年之交」。

撇開電影裡左派與右派的辯證，討論「身處政治圈是否喪失了反思能力？」、「思考之後的行動有用嗎？」此等嚴肅話題，男女主角有段日常對話特別吸引我的注意。他們在車上辯論一陣子之後，市長話鋒一轉，對女主角說：「知道我今晚要做什麼嗎？」

「不知道。」

「我要和我的前妻吃飯，跟她說我已經決定參加總統競選。我前一晚完全沒睡，睡不著，所以我有點累。妳不會知道女生讓我有多焦慮。」

跟前妻見完面，市長在回家路上又打了通電話給艾莉絲，在行駛中的汽車後座，分享他與前妻用餐後的想法感受。

「我剛跟前妻吃完飯，感覺很怪。」

「為什麼？」

「她也是知識分子，跟妳有點像，她每次見面都跟我說『政治都是狗屁』，還好妳沒有跟她一樣。妳不會這樣說對吧？」

「不會。」

「我吵醒妳了嗎？」

「不會。」

「我不知道為什麼跟妳說這些，感覺我們有點相似，朋友不多，我從來沒有交友的天分，為了試著找到工作的意義，我找妳談話，我想我該停止這一切了，我受夠所有的虛榮，我再也不做代表大會的主席，我要低調、平靜地完成我的任期。……妳還在嗎？」

「我還在。」

「剛剛突然一片靜默，不知道要怎麼回應嗎？你覺得我很無趣，說的內容又很空泛，妳跟我前妻一樣都這麼覺得？」

「你是要我說好聽的話嗎？」

「好，我停止抱怨。妳還好嗎？」

「很好。」女主角從頭到尾耐心聆聽，表情溫柔，沒有給任何意見，也不追問。

「我應該沒有把前妻說得太過火吧？晚安了，艾莉絲，謝謝妳聽我說話，妳救了我好多次，謝謝！」

女主角停頓了幾秒，微笑回答：「和你聊天很開心。」

鏡頭停留在男主角的臉上，觀眾可以看見他微微動容的神情。

「明天見。」市長掛掉電話。

你以為下一幕，兩人就會發展出旖旎戀情，從凌亂的床鋪醒來，其中一人叼著煙，隔日，被媒體大幅報導或刊登在八卦論壇上嗎？很慶幸編劇沒有這樣安排。

看完以上對話，是否讓你想起某些朋友也曾在半夜打電話給你，講話叨叨絮絮，明顯情緒低落，但不一定需要你給意見，只希望有一雙耐心傾聽的耳朵，以及讓他知道，有人懂他的心情和處境。

面對自己覺得安心的對象、孤單脆弱的時候，以及夜色深沉時分，比較容易卸下心防，講話也特別瑣碎。因為要說出有邏輯又得體的話語，需要清醒的大腦組織表達架構，挑選適當的用字遣詞，評估哪些能說，哪些不能說。除非對方像《為自己出征》這本以寓言故事探索生命本質的經典著作裡的武士，為了保護自已和世俗的功成名就，長年穿在身上的「盔甲」漸漸生鏽固著，脫不下來，那就需要更好的時機，更善巧的智慧來提供關心協助。

《百年孤寂》作者馬奎斯（Gabriel García Márquez）接受彼得・H・史東（Peter

H. Stone）訪問時，曾被問到「使用權力者的孤獨」，他回答：「你越是擁有權力，你就越難以知道誰在對你撒謊而誰沒有。當你到達絕對的權力，你和現實就沒了聯繫，這是最糟糕的孤獨類型。」

人都有孤獨迷惘的時刻，無關年齡、性別、職業、位階、薪資高低。傳統社會文化期許「成熟的大人」情感要內斂，表現出來要堅強，即使現在觀念已有不少轉變，領導者仍然被期待要夠強大，才能帶領眾人乘風破浪。

但所有上位者都先是一個「人」，才是其他身分。人類擁有的喜怒哀樂、痛苦掙扎、煩惱孤獨，你有，他也有。上位者需要會作戰的武士，他可能本身就驍勇善戰。在工作場域他需要能激發他想法的員工，也默默希望被關心被理解。其實能夠當上公司老闆、企業舵手，一定有相當才智，解決方法和人生方向多半已經在心裡，若在卡關或情緒低落時，有支持的力量，便能恢復勇氣，做出明智的行動。

回到這部電影，三年後，女主角去探望市長，她已經不再為市長工作，對於職涯的下一步，市長仍有迷惘，最後女主角拿出一份禮物，是美國著名小說家、散文家及詩人赫曼・梅爾維爾（Herman Melville）所寫的短篇小說《書記員巴托比》

(Bartleby, the Scrivener)，對這本小說很陌生嗎？沒關係，我也是，我們應該比較熟悉他的另一本世界名著《白鯨記》。

「有讀過嗎？」女主角問。

「剛開始重看，讀了一點點。」

兩人相視而笑。

電影結束在這裡，我覺得這樣很好，不灑狗血，職場之交淡如清泉，曾經真心關懷，因而有了回甘的香醇。

關心上司，並不是要你冒冒失失，拿著一瓶酒，任意撞開深度對話之門；也不是一定要推心置腹，相濡以沫。《為自己出征》裡的梅林大師對迷惘的武士說：「付出自己，是件很美的禮物。禮物之所以是禮物，端看被不被接受，不然就會變成兩個人之間的負擔。」很多人的「人際界線感」很強，把工作和私人生活劃分得很清楚，尤其是上位者，更遑論讓你輕易翻越他的心牆，潛入窺探他看似平靜無波、內在波濤洶湧的心湖。這是個人的性格與選擇，沒有孰好孰壞，前提是先把分內之事做好，提出工作上的專業建議外，平日稍微關心問候，等對方釋放出傾訴的訊號，可能是主動找你聊，或是憂思之情溢於言表，再伸出友誼之手，給予更多聆聽和對話引導。

如果你的個性特質，讓上司主管願意向你吐露心事，千萬不要一轉身就到處八卦，或見獵心喜，趁機刺探隱私。人與人之間取得信任不易，崩塌破壞只需毫秒，請勿逞一時口舌之快。

保持有溫度的情誼，在職場多一份彼此滋養與理解的關係，都能更有成長，即使不再一起工作，日後有緣江湖再聚，也才能綻放《市長你累了嗎？》男女主角那樣的會心微笑。

從今天起，除了在抱怨老闆主管的私人小群組發洩之外，要不要也換個角度，多體諒關心一下你的上司呢？

數位世界的溝通禮儀

「非語言的暗示，諸如臉部表情和手勢，往往是幫助他人了解我們意思的關鍵。然而，我們用電腦寫信時，時常忽略了這點。」

——哈佛商學院教授法蘭西絲卡・吉諾（Francesca Gino）

美國五〇年代傑出的布萊恩公司創始人卡爾・布萊恩（Carl Braun），曾要求公司內部成員在溝通時，一定要遵守「五W」原則，也就是必須說明什麼人（Who）、在何時（When）、何地（Where）、什麼原因（Why）、做了什麼事（What）。比方請某位同事處理某件事，若沒有告訴對方原因，只要犯兩次這樣的錯誤，就可能被開除。

股神巴菲特敬仰的合作夥伴、波克夏副董事長查理・蒙格（Charlie T. Munger）也提過，如果跟他人談事情，可以好好說明原委，對方就能更理解、更重視你說的話，較容易接納你的提議，也比較願意合作。

說來令人頭疼，「把事情好好說清楚，讓對方能夠了解」這項溝通表達的基本行為，似乎沒有隨著人類有能力進行太空旅行而有所長進，尤其在現今數位世界裡，反而常遇到一堆「黑洞」。

如果你跟我差不多年紀，或比我年長一些些，進入職場的前幾年（或更久）還沒有Line、Facebook、Skype這些數位聯繫管道，需要談事情時，必須直接面對面、打電話或寫E-mail。因為看得到臉、聽得到聲音，E-mail可以留存檔案，必要時成為「呈堂證供」，大家會比較注意溝通的禮節和敘事的完整性。比如開場與結束話題的問候寒暄，盡可能提供完整的資料給對方，會問對方何時方便聯繫等等。

然而，才短短十多年光景，我們被社群媒體和即時通訊緊緊包圍，儘管開啟視訊鏡頭、按一下語音通話鍵也可以看到對方的臉和聽到彼此的聲音，但我親身體會發現，有耐心的人越來越少，大家變得更急切更自我，為了講求快速方便，自動省略或忽略許多溝通細節，結果往往造成他人的困擾與負擔。

分享一個常遇到的狀況，我常收到陌生的臉書私訊，直接丟來一句：「你有接一對一教課嗎？」或「你最近什麼時候開課？」開頭完全沒有稱謂問候，也沒有說明自己是誰。如果文字有聲音畫面，我的腦海會浮現一個粗魯無禮的人，冷不防扯開嗓子，也不確定是不是在叫我。

遇到這種訊息，近年我採取的方式是等個一兩天，看對方會不會有後續動作，少數網友會更正態度，主動補上更詳細的資料。可惜多數情況是，我窗台上的麗格海棠都開新花苞了，第一句話還是孤零零在那兒，對方沒得到我的回應，好像也不在意。

許多工作都會經歷「詢價」階段，比方邀請授課、演講、主持活動、翻譯、設計、繪圖、採訪撰述等等。負責物色合作對象的人，會同時問好幾個「候選人」，再從中挑選滿意的人選。這舉措合情合理，我買相機也會貨比三家。只是，比方有人想應徵工作，多投幾間公司固然很好，但履歷上面只寫「敬啟者」或根本不具名，對於為何想應徵這間公司語焉不詳，個人資料也不完整，倘若你是人資主管，第一印象肯定大扣分，這份履歷的命運可想而知。

基於好奇天性，也不太捨得讓人失望，我還是常忍不住回覆那些不太禮貌、簡短粗糙的留言。有趣的是，簡單聊過之後，意外發現這裡面有一部分的人，工作資歷很豐富，職階不低，甚至本身就是公司負責辦活動、邀請講者的窗口，但透過即時通訊互動，措辭卻很草率，感受不到溫度，這種落差實在有意思。

確實每個人的專長不同，有些人擅長口語表達，但文字表達能力沒那麼好，有些則相反。某位朋友告訴我，「每天那麼忙，解釋太多很浪費時間耶！」其實表達可以簡明扼要，同時兼顧禮貌，兩者並不衝突。誠懇建議大家，每次溝通把握「五W」原則，把你的來意和需求說清楚，若初次接洽，簡單介紹自己的公司單位和負責的職務，肯定會大幅提升對方受理你訊息的意願和效率。

職場上的合作洽詢，無論最後決定如何，請跟對方說一聲，讓這次互動有個結尾。若想更專業更有質感，詞句文法的正確性和優雅，是下一步可以多講究的地方。關於這部分，歡迎延伸閱讀我的另一本書《質感說話課》，其中有篇文章〈說話有始有終，並記得感謝〉，裡面的範例可供參考。

再來，選擇何時傳送訊息也很重要。你通常幾點上床就寢？幾點進入「休息勿擾」模式呢？我的作息這幾年不太固定，有時工作結束很晚才到家，更多時候是貪戀夜晚氣氛太美，沉迷看書或欣賞影片。無論幾點睡，並不表示任何人在頭腦還清醒的晚上十一點願意被打擾，尤其收到跟工作相關的即時訊息。

或許你擔心突然想到的交辦事項不馬上告訴對方，隔天自己就忘記了，「先把想說的話丟出去，這樣心裡少一個負擔，對方明天再回也沒關係。」若是如此，改用E-mail寄送，或先記在便條紙或手機備忘錄，隔天再寄出，既可以滿足自己「今日事今日畢」的安心感，也不會打擾他人休息。

「對方如果正在忙，可以先不要理會手機呀！」你可能會這麼想。很遺憾，不是每個人都能隨時把手機轉靜音，而且訊息每傳送一次，手機螢幕會亮起，這些都會造成視覺上的刺激干擾。很多人在公眾場合互傳訊息，手機沒有習慣轉靜音，「咻～咻～咻～」或「叮咚～叮咚～叮咚～」的聲音此起彼落，對環境也是一種噪音。光線汙染和太多聲響，不僅降低工作效能和睡眠品質，更影響整個大環境，甚至影響海龜產卵（是真的！），如果能從自身做起，這世界會安靜許多呢！

我很晚才發現Line有個隱藏版功能，可以設定成「無聲傳送」，也就是對方收到訊息時，不會有聲音出現，這對需要傳送給正在開會或半夜已經入睡的人很有幫助，不妨試試看。

每個人的作息和方便聯繫的時間不一樣，最體貼的做法是清楚表明希望收到訊息和討論事情的時間區段，乍聽有點麻煩，但只需要溝通一次，之後一勞永逸，長治久安。如果覺得這樣很麻煩，掌握白天九點到傍晚五點之間通常不會有錯。我也喜歡在這個區間溝通工作上的事情，社交訊息則希望不要超過九點。家人和少數好友例外，就算晚上十點傳來影片說：「月琪，這狗狗好可愛啊！」我還是會開心點開來看，但正因為是家人摯友，近年大家漸漸知道我需要沉澱休息，也很少會那麼晚聯繫我了。

平常大家的資訊來源已經夠多，習慣用 Line 群組功能發送晨昏定省的「長輩圖」，以及頻繁轉發新聞、新奇影片連結，請拿捏一下發送頻率。如果覺得資訊量太大，不堪負荷，不妨客氣向當事人坦白表明：「謝謝你分享那麼多好資訊，由於我平常收到的訊息太多，看螢幕的時間太長，以後這些資訊可以不用傳給我喔！我比較期待跟你見面喝茶聊天。」或簡單說明其他原因，相信對方一定能夠理解。

只要跟工作有關的重點和結論，最好再次核對達到的共識和理解是否正確，統一彙整寄一份到電子郵件收件匣，方便日後調閱。如果是語音交談，最後這道程序更不能少，至少也要在Line留下文字紀錄。有些人不喜歡存檔，臨時想到上次討論的內容，又重新問對方一次，這也挺麻煩別人的。

現在大家普遍不喜歡突然接到來電，因為手邊的事和思緒容易被打斷，還有被嚇到。好幾次我正在寫稿和補眠，手機突然響起，結果十之八九都是推銷的電話，後來需要專注工作及睡眠時，我會把手機設定為「飛航」模式，以確保不被打擾。

最後我們來聊聊即時通訊裡使用「語音」和「文字」溝通的差別。不知道你偏好哪一種？有人喜歡透過文字溝通，方便回頭看紀錄。有人則喜歡使用語音功能，不用一直盯著手機螢幕看。

平常我使用電腦和手機的時間很長，兩年前開始發現用語音留言很方便，可以讓眼睛和打字的雙手多休息。另外，我有幾位住在國外的朋友，兩地有時差，有時想關心對方，想分享的事情有好幾件，用語音留言可以在彼此方便的時間收聽，等有空再回覆。

不過，多數人並不習慣使用語音留言，覺得對著手機講話很奇怪，也不喜歡自己的聲音。除此之外，其中一位閨密的解釋非常完整，她表示「非常痛恨」收到語音留言，「為了聽語音留言，忙翻天的時候得找出耳機，如果要開擴音，小孩會問東問西，也怕小孩聽到『十八禁』話題。明明只要幾秒就可以一眼看盡的內容，需要聽好幾分鐘。如果不小心沒聽完，下次又要重頭開始聽，浪費手機電力。如果想改天回覆，事後很難搜尋內容，但文字留言就可以針對每一句話做個別回應。」她對語音留言功能簡直「罄竹難書」，感謝她向我詳細解釋，當然跟她聯繫，我就會恢復文字交流。

最體貼的做法是根據不同需求、身處環境，還有內容的重要性，來決定使用文字還是語音。只要使用語音，請留意聲音輸出品質，精簡你的話語，多留意咬字，語速可以比平常慢一點點，適時停下來，讓對方可以聽得更清楚。

特別提醒，有些人會把與他人的私下對話「截圖」公開分享在自己的社交媒體平台上，或許他覺得有趣、很喜歡這段話，或覺得對方的想法「有大病」、很荒謬；還有些是在消費交易或工作上有糾紛，氣得擷取對話公告於世，希望得到大眾支持和公評。根據了解，任意公開與他人的對話紀錄，可能會觸犯《個人資料保護法》，甚至《刑法》，務必小心謹慎。

綜觀以上幾點，會忽略數位通訊時的表達禮儀，多半是忘記站在他人的立場思考，不夠清楚他人的狀況，只注意到自己的便利和目的。多發揮同理心，尊重每個人的個別需求，便能優游於數位世界，讓科技成為你的好幫手，不再是煩惱黑洞。

CHAPTER

2

社交對話

一期一會，彷如初見

「珍惜生活中的萍水相逢。」

——美國演員、配音員、詩人及作家李維契（Timothy "Speed" Levitch）

人生所有際遇，全始於「初見」，有了「天時地利」的初次相遇，當下做出某些互動，包括說了哪些話，奠定日後發展的可能方向：是千山萬水就此別過？抑或埋下期待再會的伏筆。

可惜人們常走得太急，來不及（或不願）與眼前的人多聊幾句，話語跟腳步一樣倉促蹣跚。

「沒興趣」、「不知道該說什麼好」是我常聽到的理由；或起了個話頭，但不確定聊到什麼程度該揮手道別。特別有緣分的人，有幸成為同學、同事、知己至交，甚至伴侶家人，卻又在朝暮相處的消磨中，喪失傾聽對方說話的耐心與分享心情的動力。面對如此多的「錯過」和「不知所措」，不妨重新在心裡放進四個字：「一期一會」。

我非常喜歡這個源自日本茶道的詞句與概念，並在蘇州TED演講引用過。「一期一會」這個詞有幾種說法，一是源自日本茶道宗師——千利休的弟子「山下宗二」。另外，江戶幕府時代大老——井伊直弼《茶道一會集》書中有云：「茶會謂一期一會，主客屢次相見，而今日之相見，一去不返，為一世一度之會，客人離茶室而去，主人亦萬事挂念，盡深情關切之意；客人亦思再訪之難，且感悟主人趣向及細緻之用心，以誠相待，此乃一期一會。主客之間心心相映，以禮相待，即一會集之極也。」

簡單地說，雙方都明白此時此景不會再重來，願意用最真誠的心意、有禮的舉止，來對待彼此。

一期一會，精髓在於「心意」，懷抱著珍惜的心意作為基礎，延伸出的「行動」自然會多幾分耐心、體貼、好奇心與細心，反映在對話上也會產生有品質的正向轉變。

這讓我想起一位智利朋友Claudia。二〇一三年，她跟隨劇團來台演出，負責公關行銷事務，舞台上那些生動的木偶也出自她的巧手。活動結束後，Claudia想在台北多待兩天，好好體驗當地文化。你能了解的，大部分藝文工作者並不富有，尤其飄洋過海到如此遙遠的國度。某天我看到朋友的臉書代為詢問，是否有人願意接待這位遠來之客？我的雙手搶先頭腦一步，在鍵盤上飛快留言：「我很樂意，相關細節私訊聊。」

才一個晚上，我跟這位開朗、健談、獨立又有才華的拉丁女孩成為「莫逆之交」，像在大學女生宿舍一樣，聊到凌晨三點還捨不得睡。我們有很多共同點，比方都是家裡最小的女兒，都熱愛旅行，她也主持過電台節目，在大學教過書，也愛寫作，我們的教學範疇都跟口語表達有關，她發現我的書架上有《揮灑烈愛》小說，興奮地抽出來：「噢！墨西哥女畫家芙烈達（Frida），我好喜歡她！

「你們有夜市真好！我們智利沒有夜市，街上的市場最晚只營業到兩點左右，而且只賣蔬菜水果，沒有賣琳瑯滿目的服飾小物。

「智利國土太長了，從北到南開車三天三夜還不只，好多外國人專程去復活節島看巨石像，對我們來說，搭飛機過去也很遠，要六小時才能到，當地消費又很貴，根本不是每個智利人會去的地方，我也還沒去過呢！」

「我在大學教晚上的課，學生從十幾歲到五十幾歲都有，他們都不太專心，腦子常放空，可能白天上班太累了，真傷腦筋，不過我還是很喜歡教學啦！」你一言我一語，我們交流了許多台灣和智利的差異，嘆白天太早到來。

Claudia只待兩晚，白天我帶她去華山文創園區逛逛，晚上去師大夜市喝青草茶，她對食物的接受度很廣，每件人事物都讓她很開心。知道我喜歡世界音樂，離開前，她拿出小巧的隨身碟，慷慨地把二十幾張珍藏的音樂專輯MP3檔案全灌到我的電腦，我珍惜地接受，如獲至寶。

「我們都喜歡法國，或許哪天會在巴黎街頭巧遇噢！」她閃著一雙靈動的大眼睛說。即使相處愉快，其實我心裡想，那應該是唯一一次也是最後一次見面吧？我們互加臉書，後來一直保持聯繫。

沒想到才不到兩年，正好我決定再次去法國旅行，Claudia要跟劇團到法國巡演，我們排除萬難，約好在巴黎某地鐵站外見面。

再次碰面，感覺很不真實，那是剛過完元旦後的冬天，我們剛好各自歷經了人生重大事件，我剛結束一段戀情，心情有些低落；相反地，她在法國愛上一名摩洛哥樂手，為了跟情人在一起，冒著護照到期被驅逐出境的風險，以打零工的方式賺取微薄收入，留在巴黎過著既甜蜜又拮据的生活。

我們在寒冷的巴黎街頭相擁尖叫，Claudia先帶我參觀她的落腳處，據說那原本是棟廢棄的大樓，住客大多是像她一樣的非法居民或清貧的藝術家。拉緊外套，裹緊圍巾，我們邊散步邊聊天走過大半個巴黎，關心彼此的近況。說老實話，在氣溫不到五度的冬天漫步塞納河畔不是個好主意，中間還碰上她朋友的孩子生病，我們急忙趕去兒童醫院，擔憂一個小生命危在旦夕。

全心相處時，就覺得時間過得特別快，臨別前，Claudia從口袋裡拿出一張有點皺的折價券：「Mia，這間餐廳最近有打折，妳難得來度假，對自己好一點，找時間去好好吃一頓吧！」又塞給我一張地鐵票，我既感動又心酸。那趟法國行，我帶著現金不多，硬塞給她一些歐元鈔票，希望她過得好一點。

巴黎左岸經典的莎士比亞書店（Shakespeare and Company）門口，華燈初上，我們再次給對方最大最深的擁抱，互道珍重再見。

「Mia，妳一定會遇到很愛很愛妳的人，祝妳幸福！」

「妳在巴黎注意安全，如果真的太辛苦，就回智利吧！」我還是心疼那麼優秀的她，待在巴黎無法發揮所長。

「我們都要幸福，也一定會幸福的。」最後我們異口同聲。

故事分享到這裡，很高興有個美好的結尾，幾年前Claudia回到智利，和情人修成正果，生了個可愛的兒子，偶爾在臉書上看到她和家人們快樂的笑容。我們在地球的兩端，繼續從事自己喜歡的工作，並仍期待有一天會造訪對方的家鄉，或在世界某處重逢。

有時我會想，如果當初我只當Claudia是一位「過客」，只提供住處和台北景點建議，而她只把我當作可供短暫棲身的民宿主人，沒有敞開心胸交流，就不會成就這段特別的友誼，以及後來那段難忘的重逢故事。

對待新朋友，最好的款待方式不是宴請山珍海味，而是有興趣探索他的家鄉文化和生命經驗，並回應對方對自己的好奇，也分享自己的故事和經驗。當然生活不只有「詩與遠方」，能夠認識像Claudia這樣的朋友，實屬運氣，更不是付出真心，就一定有回報。曾有人問我，即便如此，相處的當下，仍需要付出「一期一會」的心意嗎？

是的，我們依然值得如此做。坦然接受不是每次「一期一會」都有後續，就算有了後續，也可能礙於種種原因，情誼日漸（或突然）淡薄。再者，每個人釋放與需要的「情感溫度」不同，你的感受與期待，未必跟對方同步，有差距才是常態。但盡可能在相處的時候，把自己的心意透過言行表現出來，全神投入當下的交流，以開放的心看待之後的發展，懂得以「一期一會」心意待人的那一方，生命自會有特別的禮物回應。

不確定還有沒有機會再造訪這個地方，不確定會不會再見到這個人，就會更用心去看去聽，想記住所有細節。就像旅行的時候，我總會多走幾步路，到下一條街看看有什麼風景。時間若許可，我樂意跟萍水相逢的人聊天，因為這樣，常收穫許多特別的際遇故事。

人們難免出現以下的習性，知道還有時間，便不那麼珍惜時間，還有機會再見到對方，就比較容易漫不經心，「用心程度」往往隨著「相處密度」呈反比。面對熟識的人，又是另一種挑戰。試試看，下次面對家人伴侶時，默默看著對方，心想：「如果這是我這輩子唯一一次能見到他，我會怎麼做？我會想跟他聊什麼？我會選擇哪些話省略不說？」有這樣的起心動念，說出來的話就會比較柔軟。

投入每個當下，給出你能款待的最佳話語，不刻意奉承，真心相待，不只在旅行時這麼做，在每天的日常生活、每次的社交聚會中都這樣做。假使一開始不習慣，可以先鎖定某一個對象練習，今天先從你的孩子開始，明天輪到隔壁的同事，後天是直屬主管，下周選定聚會的第一個聊天對象，順序由你決定，難易度循序漸進。

交談過程中，你一定會有所得，可能是獲得共鳴的喜悅，聽到精彩故事所發出的驚嘆。有機會分享自己的經驗和故事，獲得對方友善的建議與安慰，你也會欣喜選擇的職業和生活原來很符合自己，也可能發現有改變的必要。這都是全心投入當下的互動，用心聆聽，言行有禮，對方才會回饋給你的禮物。

珍惜一期一會，給予你一個新視角，看待人與人之間的相處，開啟更有溫度的對話，最終，你會更喜歡這個世界。

安撫社交焦慮，自在融入社交場合

「厚著臉皮走過去，別要求自己什麼都要做對！」

——美國名媛、希爾頓集團繼承人之一芭黎絲・希爾頓（Paris Hilton）

身為「成熟」的大人，我們希望在任何場合都能安然自若，談笑風生，但並非每個人都享受與人互動，尤其是面對陌生人或一群人。

紀實節目《腦內解碼》（The Mind, Explained）有一集特別談到「社交焦慮」的臨床研究：「在許多不同表情的人的照片當中，有開心的，有生氣的，有模擬兩可的表情（interpretations of ambiguous faces），患有社交焦慮症的人，更可能認為模擬兩可的表情是在生氣，他們在社交場合與人交談更加緊張焦慮。臨床焦慮患者常常走不出自己的感覺，因為腦部主司邏輯的前額葉皮質（prefrontal cortex）無法控制杏仁核。當焦慮開始影響生活，這時就成了焦慮症。」

請注意以上的最後一句，要構成「焦慮症」，很重要的界定是「當焦慮開始影響生活」，而且會出現強烈的懼怕和失控反應。焦慮是一種「情緒」，只要是人，面對不同處境會出現「焦慮的情緒」，再正常也不過。有社交焦慮的人，通常是擔心自己表現不得體、說出「聽起來很笨」的話、曾有不愉快的社交經驗、害怕得到負面評斷等等，而這一切都有方法可以改善。了解這些基本認知，有沒有鬆一口氣呢？

假如你潛伏在我的大腦或心臟，就會清楚知道，我出席場合也會焦慮緊張。記得當年在蘇州發表完TED演講後，主辦單位為講者們舉辦一場晚宴，也開放部分觀眾入場。雖然我跟幾位策展人、演講教練及同台講者已經在彩排前和等上台的空檔有過短暫相處，即便如此，看現場那麼多業界翹楚，身為唯一台灣代表，我還是擔心與人交談時「顯得不夠聰明」，會被揭穿我自信外表下那個有「冒牌者症候群」（Imposter syndrome）心態的自己。

慶幸我沒有選擇臨陣脫逃，決定融入現場氣氛，先跟同桌互相問好，舉杯慶祝，讚美對方台上的表現，聊點輕鬆話題。通常席間上菜空檔，是大家拍餐點和找人拍紀念照的時刻，坐在對面的講者與我交流了手機品牌和拍照效果，另一位則開心分享這次演講結束後的度假計畫，話題很自然展開。交流之後，我們都覺得工作與休閒很難達到平衡，當我發現眼前這些厲害的講者專家也都有「平凡人」的煩惱不安，我幾乎忘記先前的緊張焦慮了。

晚宴進行到中場，大家開始自由走動，兩位西裝筆挺的年輕人朝我走來，一問之下，是當天聽講的現場觀眾。他們先致上對當天演講的喜愛，接著自我介紹，熱血暢談未來的事業版圖。聊到一半，對方發現我的專長領域與他們想做的事情似乎沒有關聯，態度明顯冷淡下來，很快就客氣轉移陣地了。如果你也遇過這樣的狀況，請不用太沮喪，每個人出席場合各懷心思，想獲得的東西不同，例如真正的放鬆、見見老朋友、好好享用美食、結交新人脈、行銷自己、宣揚事業計畫等等。遇到特別投緣的人，就多聊一會兒，若發現話不投機，換個人交流即可。多跟不同對象交談，給彼此機會，也避免聚焦在同一個話題太久，以免造成對話疲乏。

千萬別在別人正打算把鮮嫩多汁的牛排塞進嘴裡，拚命問：「Mia老師，我喉嚨很容易沙啞，講話一下子就累，我也很不喜歡自己的聲音，怎麼解決這些問題啊？」社交場合最忌諱知道對方的職業後，把對方當作免費的諮詢對象，將自己困擾的問題傾瀉而出，這真的很失禮，好歹讓他把牛排吃完吧！

ＴＥＤ晚宴進入尾聲，一位活潑外向的講者提議：「今天夜色真好，我們到金雞湖畔散散步吧！」金雞湖屬於太湖的支脈，是蘇州工業園區的核心景區，我們一行人浩浩蕩蕩出發，拋開白天上台演講的緊張心情，悠閒散步，閒話家常。我輪流跟幾位新朋友並肩走著，其中一位談起自己長年在外面打拚，非常想念年邁的父親。氣氛正感性時，某位仁兄突然拿出那時候還很時髦的無人機，現場操作示範，並吆喝所有人來個空拍大合照，一下子，平日獨當一面的「成熟大人們」，一個個都變回無憂無慮的少年少女，大夥兒全玩開了！成為那次蘇州行特別美好的記憶亮點。

隨遇而安，既來之則安之，是參與社交場合很重要的心態。不必過度解讀他人的措辭和微表情，也不放任大腦往負面聯想。沉浸自我表現，太在乎他人觀感，將失去享受當下的喜悅。不妨告訴自己，「我就是去見識見識，真的不喜歡，找個適合的時間點告辭便是。」根據我的經驗，只要願意現身，九成機率都會繼續留下來，而且一定會有收穫。

除非這場活動由你主辦，那麼確實需要費點心思讓場面活絡，否則毋須勉強自己像蝴蝶般穿梭宴席間。人數較多的場合，通常會有一兩位認識的人，事先告訴對方你的顧慮，熱心的朋友會適時穿針引線，安排合適的朋友給你認識。無論如何，不恣意批評對方的談話，發言有節制，記住對方的名字等等，這些基本社交禮儀還是遵守為上策。

我們害怕展現自己的脆弱，說不定在場也有人跟你一樣，微笑地說：「我今天來這裡有點緊張，你常參加這樣的聚會嗎？」如果對方也很緊張，那太好了，你有同伴了！

你可以選擇主動開啟話題，也可以先當個「觀察者」，用心聽他人對話，欣賞眼前的這場聚會，感受當下氣氛。目光和肢體神情越自在，自然會吸引人來與你攀談。盡量呈現「真正的自我」，其他人才知道該用什麼方式與你互動。

一聽到「社交」兩字就想昏厥或逃跑的人，一切慢慢來，先從人數較少、與你喜好相近的聚會開始，再慢慢嘗試人數較多、成員組成多元的社交場合。參加講座、藝文展演和演唱會也是很好的選擇，這些場合大部分時間不需要發言，又能學習知識，觀察他人如何表達。而且會去同一場活動的人，跟你一定有共通話題，交流起來會容易得多。

剛剛提到的都是「心理」上的社交焦慮，至於「高敏感族群」（Highly Sensitive People, HSP）參加社交場合常遇到的困擾是對聲音、氣味、光線刺激特別容易不舒服，隨身帶一兩樣能讓自己快速安頓身心的小物件，選擇穿起來舒適的衣服，像我會依照當天場合和心情，搭配天然礦石首飾，通常藍色、粉色和綠色帶來舒緩輕鬆的感覺，黑色有防護功能，並調配適合的精油帶在身上，說不定還能順便解救其他身體不適的賓客。

游刃有餘的你，看到會場有人落單，不妨上前關心一下。有社交焦慮的人，目光不太敢直視他人，頻頻看錶或看其他地方，回答很簡短，講話聲音偏小，不過有些人只是不擅長主動開話題，只要你釋放善意，啟動「對」的開關，說不定聊起來非常投緣呢！

把參加社交活動當作有幸來到地球的有趣體驗，把焦慮視為自然的情緒反應，而不是限制你享受人生的枷鎖。剛開始踏出舒適區一定會不太習慣，隨著經驗累積，焦慮感將被妥貼安撫，你會越來越自在。等你變成社交高手，下次我們在奧斯卡頒獎典禮或任何社交場合相遇，就麻煩你多多關照囉！

什麼話題最好聊？天氣？美食？還是上帝粒子？

「聊天的最高指導原則是：別讓人覺得你很無聊！」

——《聊得有品味》作者亞歷山大．封．笙堡（Alexander von Schönburg）

在「人物訪談力」課程中，我提出一個聽起來很簡單的問題：「你們認為什麼話題最好聊？」

答案陸續出現：星座、運動、天氣、美食、旅行、穿搭、電影、時事……我揚起謎樣的微笑，立刻讓大家試著以「天氣」作為聊天主題，邀請其中兩位學員做示範。

A：「今天天氣不錯耶！」學員A揚起友善的笑容，努力開啟話題。

B：「對啊！」

A：「我剛走過來好熱，看你穿好多，你不熱嗎？」

B：「我覺得還好耶！」

A：「你從哪裡過來？」

B：「我從我家過來。」學員B的上半身開始左右搖晃。

沒幾句，大家開始出現「尬聊」，旁邊的同學們忍不住偷笑。好！換另外一組示範，原本質疑「怎麼可能聊不起來？」的「吃瓜群眾」，很快也陷入尷尬空洞的窘境。當然，在眾目睽睽之下臨時抽考特別容易緊張，以致無法發揮實力，但某些我們習以為常的主題，確實不一定好聊。至於隨時能「從外太空聊到行天宮」的說話高手，則不在本文討論的範圍內，他們真的什麼都能聊，連對方外套上的蜥蜴胸針都能延伸聊到地球暖化問題。

台灣地屬亞熱帶氣候，四季變化並不分明，加上地球暖化，讓「冬天都不冬天」了。等我到英國旅行後，總算理解「天氣」為何是英國人常聊的話題，因為一天之內，就可能歷經四季變化。

社會人類學家芙克絲（Kate Fox）在《瞧！這些英國佬：英格蘭人的人類學田野報告》（Watching the English: The hiddwn rules of English behaviour）一書中，光

是在「交談準則」篇章中，就給「天氣」這個話題超過六千字的介紹篇幅。作者提到她搭乘計程車，司機會說：「雨下個不停，他們還發佈警告說下一個夏天會有乾旱，你說這是不是太扯了？」而這只是作者聽到眾多英格蘭人抱怨天氣的例子之一。

猶記得我參觀蘇格蘭高地著名的艾琳・朵納城堡（Eilean Donan Castle），可憐的小傘完全不敵狂風暴雨，改穿雨衣也抵擋不住「冷冷的冰雨在臉上胡亂地拍」，當場劉德華的〈冰雨〉歌詞不停在我腦海環繞。

離開城堡時，我與團員們各個狼狽不堪，我無法像西洋棋王及武術冠軍喬西・維茲勤（Josh Waitzkin）那麼享受大雨、暴風和惡劣天氣。據說這座古堡是為了防禦維京人而建造，如果我是將軍，一定會不爭氣地發號司令：「將士們，風雨實在太大了，我們明天再進攻吧！」

「好啊！一切聽將軍的。」全體士兵馬上應和，或許可以省去一次戰爭傷亡。

回到車上，導遊立刻為我們每個人遞上一小杯蜂蜜威士忌，一飲而下，身體馬上暖和起來。終於明白聖伯納犬脖子上掛個小酒桶，裡面裝著威士忌酒，以便救援在雪地裡受凍的人，是多麼睿智且合理的做法！

那次，天氣和威士忌話題在我們團員之間聊得很熱絡。

臨別英國前，我造訪了牛津郡，在牛津大學的書店看到很有趣的小書《The How to be British Collection》，作者及插畫家是馬爾丁・福特（Martyn Ford）和彼得・里恭（Peter Legon），他們曾共同創作一系列針對外國觀光客到英國旅遊的幽默明信片，《The How to be British Collection》第一集和第二集出版至今已經十多年，仍盤踞英國各大書店架上，擁有令人羨慕的數十萬冊暢銷量。

書中作者提到，英語中有超過五十個字可以形容「瘋狂」，有八十個以上的字形容「酒醉」，更有兩百三十一個形容詞用來形容「天氣」，並開玩笑提供初級、中級、進階版的開場白建議。

初級版：「今天天氣真好，你說對嗎？」

中級版：「今天風有點大，你覺得呢？看來晚點我們會遇到風雨。」

進階版：「低壓槽正橫掃冰島東南部呢！低窪地區會有濃霧和霜的情況發生，西部會有大雷雨，雨帶可能會使本寧山脈下凍雨或下雪，一路往南，明天中午就會掃過全國。」

作者最後開玩笑安慰讀者：「沒關係，如果聽不懂他們的回答，微笑就好。」讓我們暫且忘記天氣，到底什麼話題好聊呢？根據我的經驗，美食和旅行幾乎萬無一失。

其實任何話題皆可聊深聊淺，以「飲食」題材為例，顯而易聊的方向包括有：

「你最喜歡吃什麼？」

「你推薦哪一間餐廳或咖啡館？」

「你會做這道菜嗎？可以教我怎麼做嗎？」

「你有討厭的食物嗎？為什麼？」

喜歡探討文化的朋友，可以聊飲食背後的歷史脈絡、相關名人軼聞，對談品質會更深入。如果你喜歡牛排，不妨看看《美食不美》（Ugly Delicious）這個結合談旅行、烹飪和歷史文化的節目，它每一集都會介紹一道菜，或一個跟飲食有關的概念。其中一集剛好談到「牛排」，看著一群來賓光是牛排就聊了一小時，從點牛排的喜好可以判斷喜歡三分熟、半熟、七分熟、全熟的人，各有哪些可能的個性，喜歡點全熟的人最無辜，被其他人大大調侃一番，非常有趣。

《聊得有品味》作者亞歷山大提到法國人擅長把「吃」與「性」做高度相聯。比方，把圓麵包稱為「Les Miches」，這個詞也意指「女人的胸部」。如果你與對話的人都略懂法文，又可以延伸聊到法語的陰陽詞性變化。

記得我初學法語時，最常跟同學討論對「定冠詞」的疑惑。所有法文名詞前面的定冠詞皆有陰陽詞性，le是陽性，la是陰性，卻很難憑直覺和邏輯區分。舉例來說，外型偏向陽性象徵的法國長棍麵包（la baguette）是陰性，長相甜美可愛的馬卡龍（le macaron）是陽性；戒指（la bague）是陰性，項鍊（le collier）是陽性；玫瑰花（la rose）是陰性，百合花（le lis）是陽性。規則何在，至今仍不得其解。

記憶法文數字也需費一番工夫，按照建構式數學邏輯推衍，法文的二十一是「二十加一」，到了七十變成「六十加十」，八十是「四乘以二十」，九十一則是「四乘以二十加十一」。不少初學者聞數字喪膽，捧著一顆顆破碎的心，鎩羽而歸。如果你與聊天對象都學過法文，那麼從美食聊到文法的邏輯性，肯定聊到肝膽相照，心有戚戚焉。正所謂「敵人的敵人，便是我們的盟友」，同仇敵愾之下，立刻拉近彼此的感情，改天一起約吃牛排。

中外皆然，問人薪水和年紀都不禮貌，有鑑於後者偶爾派得上用場，當年我的法文老師教了這句：「Vous avez quel âge?」（你幾歲？）並指定每位學員輪流複誦。輪到我時，我佯裝冷靜開口，老師驚喜挑了挑眉：「Oh! Mia，妳的聲調表情非常道地，就像法國女人。」

我被誇得飄飄然，想像戴上墨鏡的自己，走進巴黎餐廳，緩緩脫下貝雷帽，蘭花指一勾，酷似李奧納多的帥哥侍者便遞上波爾多紅酒。

很遺憾，這是幻覺，等我真的坐在人潮鼎沸的雙叟咖啡館（Les Deux Magots），「先生日安，請給我一杯柳橙汁，謝謝！」又酷又高傲的光頭侍者，心不甘情不願端來一瓶星巴克也買得到的濃縮柳橙汁，擱下瓶子，頭也不回離開。

幻滅，才是成長的開始。

熟練漂亮的道地法語，字與字之間尾音要連音，許多單字的字尾不發音，念了反而奇怪。法文的疑問句有時尾音下降，難怪法國人說起話來有幾份睥睨傲氣。

「C’est un secret.（這是祕密。）」

「如果不想回答尷尬問題，就這樣說。」法文老師又教了這句。我喜歡！謎樣的女人感覺非常有魅力，中文這樣應答也很成立。

當年跟我一起學法文的是電台同事Sasha，後來我們結伴去巴黎旅行兩個多禮拜，在巴黎的粉紅小套房中，我們一邊敷面膜，一邊聊天。

「如果把法文擬人化，肯定是眾神都想追求的美女海倫，顧盼巧兮，但攻堅不易。」我小幅度張開嘴巴這麼說。

「海倫不是引起特洛伊戰爭嗎？」Sasha說。

「對！那我們還要不要繼續學？」我問。

「要！」

當我提到「海倫」，Sasha馬上能意會我指的是因為絕世容顏而引發特洛伊戰爭的那位海倫，而不是以女權主義經典名曲〈I am Woman〉聞名的澳洲歌手海倫．芮迪（Helen Reddy），也不是擅長探討兩性關係的知名人類學家暨ＴＥＤ講者海倫．費雪（Helen E. Fisher）。所以，涉獵越廣，具備越多「背景知識」，越能開啟不同話題，也才能當對方提起某位人物、某個名詞，有辦法在同一個話題下，做出不同面向的回應延伸。

除非你們對同一個話題有高度興趣，比方家裡都養柴犬，還加入了柴犬同好會，可以聊柴犬聊一個下午，否則建議話題可伺機多方開展，才不會聊到後面越聊越「乾」。我曾經在大安森林公園看到一群人各自牽著自己養的雪貂（沒錯！就是身體細長、渾身毛茸茸的可愛生物）圍在一起開心交流，當下很想湊過去聽他們聊什麼。

如果不是很有信心，《聊得有品味》作者還有一個忠告，他出身貴族世家，後來家道中落，當了自由記者，他提到：「一個人只要願意呈現真實的自己，不矯揉造作、不肆意批評別人，就能成為一個受歡迎的人。相反地，刻意努力、汲汲營營、裝模作樣的人反而令人退避三舍。」不用刻意為了彰顯自己的博學多聞，刻意選擇冷僻高深的話題，尤其是一群人的社交場合，大家都能輕鬆加入討論的話題，會是更體貼受歡迎的做法。

人類學家認為英國人聊天氣是種「儀式」，某些話題只是身負「暖場」之責，如果聊某個話題是為了開啟後面更重要的事情，那麼就簡單回應即可。比方「今天天氣好冷啊！」就只需要回答：「對啊！好冷。」如果你繼續說：「哪有冷？你沒發現室外溫度顯示三十度……」對方若是健談善辯之人，就會繼續圍繞在這個話題跟你討論不休，遲遲無法進入你真正關心的重點。視情況收回想抗辯的衝動，在閒聊的世界裡，「認真就輸了」。

想要聊得有品質，必須兼容話題的多樣性，不要只聊「表面」，多向外延展，向下深掘。對話的樂趣奧妙在於「言外之意」，若一直圍繞在字面上的意思，肯定一下子就聊乾了。在我心中，沒有不好聊的話題，只是我們不是總跟同溫層朋友在一起，畢生無法窮盡所有知識，所以才要繼續與人交談，透過一次又一次對話，擴展自己的視野和知識領域。

祝你越聊越有品味，從此沒有任何話題可以難倒你。

順應當下的「流」

「當我們以為在外面到處旅行時，其實正進入自己存在的深處；
而當我們以為自己形單影隻，其實正與全世界同在。」
——喬瑟夫・坎伯《千面英雄》（The Hero with a Thousand Faces）

二〇一九年旅行英國時，我安排其中五天待在如詩如畫的「湖區」（The Lake District），初抵達溫德米爾（Windermere）已近傍晚，我詢問當地居民附近有何好去處，只想簡單散散步，親切的老先生抬手一指：「妳沿著那條小路走到盡頭，沿路風景不錯，還可以看到瀑布。」

我對瀑布的想像，是由高處傾瀉而下的壯觀水柱，聽得到嘩啦嘩啦的巨大聲響，沁涼的水花可能還會飛濺到身上。爬了一小段坡，最後出現在眼前的景象，只有一條毫不起眼的小溪，連結著很不稱頭的「瀑布」，我坦承當下差點脫口而出：

「什麼？這是瀑布？台灣任何一處溪谷都比這裡壯觀多了。」

「既然都來到這裡了，就待一會兒吧！」我深吸一口芬多精，選塊大石頭坐下來，開始張望四周。

借用心理學教授亞莉珊卓・霍洛維茲（Alexandra Horowitz）的書名概念《換一雙眼睛散步去》（On Looking），當我開始接受「我已經在這裡」，便對這「迷你版」的瀑布是如何匯入潺潺溪流，它的上游源頭又在哪裡，產生了興趣。細瞧幾分鐘後，原本失望的情緒消失無蹤，取而代之的是，我注意到陽光穿透色澤層次豐富的樹葉間隙，照耀在一家四口的西方遊客身上，大人擺出各種俏皮的姿勢拍照，小女孩穿著可愛的荷葉邊短裙，邊戲水邊興奮尖叫。

坦白說，我對尖銳的聲音忍受度很低，但當順應當下的「流」（Flow），接納此時此刻發生在我眼前的所有畫面，反而替這位小女孩開心。

「可以笑得如此開懷，真好啊！」

法國詩人波特・萊爾（Charles Pierre Baudelaire）曾說：「孩子看見萬事萬物新奇的一面，永遠處於沉醉狀態。」伴隨流水聲和嬉笑聲，我度過意料之外的愜意時光。

前往聚會也像一場旅行。出發前，我們期待一場美好的體驗，腦海冒出想像：「今天會見到誰呢？」、「這家餐廳的餐點會跟網路評價的一樣美味嗎？」、「跟對方會聊得愉快嗎？」個性嚴謹的人，甚至會先想幾個打算聊的話題，畢竟時間很寶貴。

不過，人生的腳本怎麼可能完全按照你的期待上演呢？有些時候順流改變原定計畫，對期待稍微鬆綁，會帶你到意想不到的好地方。

記得有次我跟好友Lucia聚餐，本來想聊聊工作遇到的困擾，請教她一些專業意見。結果前菜剛上，她突然談起家裡的煩心事，Lucia有位非常聰明優秀的姐姐，但永遠覺得自家妹妹「做得不夠好」，從跟房東溝通修繕問題，乃至對待孩子的教養方式，姐姐都有意見。

「妳對孩子太沒有耐心了！」

「妳這樣處理事情太不聰明了！」

「我不敢相信妳會這樣做，妳確定？」

氣勢強大的姐姐「嘴起刀落」，批評指責的言語源源而出，教訓人毫不客氣，令Lucia氣惱又無奈。明明姐妹倆對外都有出色的溝通能力，彼此卻常起爭執。

感謝好友願意與我分享心事，在我認定裡，談論「家人」屬於私領域話題，要有足夠的信任、安全感和對話氛圍，才會娓娓道出與家庭成員互動的處境，尤其是「不那麼光采」的故事。當下我決定先拋開自己原先想談的工作問題，反正有的是機會請教，於是我順著對方傾訴的需求，鼓勵好友繼續往下說。

聊了一陣子，Lucia的心情好多了，安全穿越湍急的情緒河流，來到平靜的湖面。

「講這些真不好意思，跟我姐是老問題了，找個時間再跟她溝通一下，謝謝妳聽我說這麼多，那妳最近怎麼樣？」接著換我分享自己在工作上遇到的棘手瓶頸，話題得以繼續，兩邊都照顧到了。

順流談話的過程中，還是要保持警覺，留意一下對話走向，聊著聊著，是航向廣闊明朗的大海？還是一瀉千里的危險瀑布？請留心旁邊立著「小心落石！」的紅色警示牌。人們有時會不小心混淆「順流對話」跟「刺探隱私」的差別，以為什麼都可以聊。前者帶著理解、陪伴、支持的意願，交談後會獲得情誼的深化與理解，甚至找到更好的問題解決方向；後者只是滿足八卦慾望，對人生並沒有實質助益。時時擦拭內心明鏡，就會映照出最美的對話風景。

有些人習慣強勢主導話題，希望話題圍繞著自己轉，遇到不感興趣的內容，立刻低頭滑手機、表情不耐煩或目光放空。失去耐心和專注力是現代人的通病，做任何事都期待達到某種具體「成果」或「目的」，一旦感覺沒有得到自己想要的，就是浪費時間。或許可以這麼想，我們買一本書，報名一門課，只要有部分內容讓我們有收穫，有幾句話特別喜歡，錢就沒有白花。與朋友交談也是一樣，毫無冷場的交談當然棒極了，但舉凡有幾個「高光時刻」，也就不枉此次聚會了。

相反地，如果交談時對方沒有應和你的話，回答越來越簡短，出現「嗯」、「喔」等語氣詞越來越頻繁，就要認真考慮回應對方釋放的「訊號」，適時轉變話題。

一場美好的質感對話，需要兩人共同創造。順流對話不是鼓勵你不著邊際亂聊，任由口水氾濫。職場上的談話自然要緊扣主軸，公司開會、媒體採訪、談判協商時，若發現自己或與會者不小心跑偏主題，還是要把話題引導回來。日常對話就不妨放鬆控制的慾望，讓對話隨境流轉。

交談是「活的」，人們彷彿置身有機的生態海域，《心流》（Flow）作者米哈里·契克森米哈伊（Mihaly Csikszentmihalyi）說：「當你覺得生命有意義時，你會感受到一種和諧感。」與人交談時，若感覺安適自在，相處起來有種和諧的氣氛，那麼就會帶給彼此滋養，彼此也會更期待下一次的交流。

祝福你我日後的對話，充滿生命力又自然的流動。

相約到戶外散步聊天吧！

「不知道沿途會遇到什麼，是走路的一大魅力。」

——挪威探險家、《就是走路》作者厄凌・卡格（Erling Kagge）

身體不喜歡受到束縛，根據多項研究，人類天生適合並嚮往自然環境。可惜我們卻反其道而行，長期讓身體暴露在人工照明之下，束縛於筆挺的衣裝之中，仰頭看不見藍天穹蒼，低頭著迷閃動不休的手機螢幕，不但流失了肌力和荷包裡的鈔票，還增加久坐而累積的小腹脂肪。

如果你跟我一樣，體能下降，想好好運動，工作很忙，總覺得時間運用「捉襟見肘」，又仍想維繫友誼，不妨稍微改變習慣，跟朋友改約戶外散步聊天。新鮮的空氣提神醒腦，走路幫助過勞的頭腦與身體重新「連結」。接觸陽光促進血清素（Serotonin）和維生素D生成，讓心情變好。戶外更有許多未知刺激，有很多機會和驚喜相遇。

特別說明，我無意高舉「抵制室內聚會」的旗幟，室內聚會的好處很多，不必擔心被烈日晒糊妝容，不用怕下雨天掃了興致，身處餐點美味、裝潢有風格的空間，更可直擊大量聊天題材，還很適合拍美照，滿足當「一日名模」的乾癮。

但困擾的事也真不少，越來越多餐廳咖啡館把桌子安排得「櫛比鱗次」，講白話一點，就是「很擠」。聚會品質常隨著鄰桌客人交談音量的大小、業者選播的音樂曲風、服務態度而受影響。由於不想扯著喉嚨跟其他客人一爭高下，不得不仿效電視劇中的密探來報，附在朋友耳邊用「氣音」說話，或拉長脖子靠近對方。聚會結束，簡直比教一整天的課還疲累。

開啟我享受戶外散步聚會的幕後功臣之一，是我的好友小愛（本名林豫錦），她是台灣資深電視導演，曾執導ＴＬＣ旅遊生活頻道《龐銚敲敲門》、《玩美女人窩》等知名美學生活節目，許多藝人明星會尊稱她一聲「愛姐」或「愛導」。

風象星座的她熱愛戶外活動，皮膚晒得黝黑亮麗，喜歡臨時約我吃早餐，吆喝我一起到公園或近郊步道健行。走路過程中，我們分享近期看的電影、影視節目、好書、YouTube上有趣的影片，隨機激盪創意靈感，交流許多人生體悟。由於我們都是傳統媒體出身、自由工作者、愛旅行，對藝文美學和製作優質節目擁有熱忱理想，聊天話題就跟Netflix會主動推薦你片單一樣，永遠不缺題材。

經過幾次親身實踐，相見恨晚，我正式成為戶外散步聚會的信仰者。

空間影響思緒，場域不同，聊天內容也會不一樣。在餐廳裡對坐相望，眼睛有時很累，在戶外並肩而行，視線不用一直盯著同行的友人，不用擔心隔壁桌客人的聲音太尖銳，超過耳朵的負荷。在戶外漫步聊天，喉嚨很舒服，徜徉大自然，觸目可及有萬物的流動，雲朵的流動，突然一片落葉飄下，倏忽一陣風吹過，明顯感受到季節和天候的變換，俯拾皆是刺激靈感和談天素材。就算交談累了，想靜靜不說話，也不會奇怪。那段時間的靜默，反而創造一種很特殊的相處空間。

分享到這裡，我想起另外兩位好姐妹，佩穎和麗質，也就是我上本書《質感說話課》其中一篇文章〈高品質的閒聊，讓聚會更有價值〉所提到的摯友「P」和「L」，她們私下透露，非常樂意這次以本名登場。

有一回我們在咖啡館聚餐，再移步到外面的小公園繼續聊天，聊到一半，突然發現為我們遮蔭的那棵大樹，是棵菩提樹。不知道你是否留意過菩提樹的葉子？是美麗的愛心形狀。之所以知道這個植物小知識，要感謝當年旅行清邁時，我在文華東方酒店附近的地上，看見一片略帶殘缺的葉子，突然被觸動而駐足。當我俯身端詳，耳邊響起一位陌生大姐的聲音：「這是菩提葉，每片菩提葉都是心形，不信妳看。」她指指身後的菩提樹，熱心解說。

原來我跟兩位好友無意間在菩提樹下「論道」談人生，多麼詩意的巧合！

歷史上喜歡散步的名人很多，原因及做法略有不同。達文西、狄更斯、托爾斯泰、林語堂、康德……不過他們多半獨自散步。

挪威探險家厄凌．卡格，是全球獨自徒步穿越南極的第一人，也是全世界第一位抵達「三極」（南極、北極、聖母峰頂）的人，他曾在《就是走路》（Walking: One Step at a Time）一書提到：「蘇格拉底在雅典城到處走動，跟人交談。」又提及丹麥哲學家齊克果（Søren Aabye Kierkegaard）喜歡在哥本哈根街頭漫步，隨機問路人問題。等得到答案，與人道別後，再繼續獨自漫步，回到家，把從街上得到的想法寫下來。

你可能也聽過蘋果創辦人賈伯斯想擴展自己的想法時，會跟同事一起散步。後來這個習慣間接影響了不少矽谷工作者，他們邊散步邊開會，希望達到類似的效果。

賈伯斯的開會方法值得一試，為了不在太陽下晒太久，會議應該會很有效率，假使討論很熱烈，那就順便鍛鍊心肺能力，橫豎不吃虧。

無論是獨自行走、隨機與陌生人走上一段路，或與自己的同事朋友齊肩而行，都是很棒的事。如果內心浪漫，已逝作家李維菁《老派約會之必要》一書的幾句形容，你應該會喜歡：

「我們要散步，我們要走很長很長的路。約莫半個台北那麼長，約莫九十三個紅綠燈那樣久的手牽手。我們要不涉核心相親相愛，走整個城市。只有在散步的時候我們真正的談話，老派的談話。」

好友知交、工作夥伴或親密伴侶，都值得經常一起散步，走很長很長的路，享受真正的交談。

悠閒漫步或者會讓心率（heart rhythm）稍微加快的「健走」，還有在公園鋪上野餐墊，擺些小點心，輕鬆聊天，都是對身心更好、提升相處品質的選項。只要你願意，戶外散步聊天可以不化妝、輕裝簡行，請珍惜對素顏感到怡然自得的朋友，素顏以對，卸下的不光是臉上的添加物，內心也更敞亮，我就很享受這樣無負擔的素顏裝扮。

如果你喜歡這些提議，但很難一下子改變習慣，可以慢慢調整聚會比例，先約熟識的好友同行，每個月分配一兩次給願意響應戶外聚會的朋友。主動釋放訊息，讓大家知道你的新聚會理念，等執行一段時日，再比較兩種聚會方式對你產生什麼改變。

在戶外散步聊天時，記得提醒彼此補充水分，關心同行友人是否需要停下來休息一下？有個地方「走過路過，千萬不要錯過」，那就是洗手間，你可不希望聊得正開心時，膀胱頻頻催促你趕緊結束對話。

歡迎你體驗這樣的快樂，用新奇的眼光欣賞路過的風景，看看會有什麼體悟朝你走來。

尊重彼此想要「獨處」的需求

「啊！什麼也比不上舒舒服服待在家裡。」

——英國小說家珍・奧斯汀（Jane Austen）

「要不要出來聚聚啊？」

如果你是受歡迎的人，可能經常收到朋友們的聚會邀約。聚會當然很開心，但一年之中總有這樣的時刻，你特別想一個人靜靜，像是工作忙了好幾個禮拜、月圓心情不佳、最近愛上某部劇想一口氣追完它，也可能說不上具體原因，就是想在家發呆、自己逛街、坐在公園長椅看松鼠跳上跳下，但又不好意思說出真心話：「謝謝你的邀請，但今天我想一個人。」

「來嘛來嘛，不然你就來個兩小時，想要睡覺放空，什麼時間都可以啊！」朋友繼續盛情鼓吹，終究你不敵內心拒絕他人的「罪惡感」，怕別人因此不喜歡你。

於是，再一次違背自己的意願，忽略當下身心最需要的滋養。這變成反覆出現的難題，被邀約的頻率越高，你越常陷入「這次要答應嗎？」還是「勇敢拒絕」的內心交戰。

換個立場，假如把大家聚集起來是你的快樂泉源，或是你喜歡有人陪伴，無論去哪兒、臨時有個空檔都想找人陪，那麼，尊重他人不想赴約，學習獨處，是你值得探究的課題之一。

我們都在以上這兩種角色切換，有時想跟一群人熱鬧，有時想安靜獨處，因此理解雙方在不同時期的身心狀態、工作生活情況及溝通習慣，關係會比較長久。

曾有很長一段時間，我的社交活動十分活躍，這跟我從事媒體工作有關，加上我跟大多數人都能相處愉快，朋友只要辦活動或聚會，經常會邀請我參加。過去我也幾乎來者不拒，赴約的主因是真心喜歡跟大家相處的感覺，但也不諱言有一部分人情使然。最重要的是，以前的我真的很不擅長說「不」。

近年隨著工作越來越忙，我會聆聽內在需求，適時婉拒社交邀約。至於怎麼回覆對方？你可能聽過「懂你的人就懂你，不需要多做解釋；不懂你的人，怎麼解釋都沒用。」這樣的說法，我也覺得很有道理，不過若時間心力許可，我還是會說明一下無法出席的原因，讓對方了解我的狀況。即使不熟的人，我也不會只說：「那天我不行。」會加上幾句，例如：「很可惜那天我無法參加，謝謝你的邀請，預祝活動順利！」能被想起、被邀請，是值得感謝的事，無論出於什麼原因不克出席或不想赴約，稍事說明和表達感謝，都是容易做到的事，何樂而不為呢？

「生活夠累夠忙了，幹嘛那麼多彎彎繞繞啊？」這也是我近年推廣質感表達理念時，經常收到的回饋。溝通之所以不容易，因為牽涉到複雜的種種語境，以及每個人都有獨一無二的脾性和「地雷」，因此該採用什麼樣的對話方式，須建立在雙方的談話習慣和交情上。如果你們個性都直來直往，那麼以下的對話也很OK：

「下禮拜一來我家吃飯。」

「那天不行，改天吧！」

重點是對話過程彼此都舒服，清楚說明你的需求，幫助他人更了解你。也請尊重他人的決定，可能你很想見這位朋友，但對方最近剛好想遠離社交，回自己的洞裡休息，一直殷切勸他赴約，會帶給對方壓迫感，也增加對方的內疚感。如果真心重視這位朋友，相信你一定也希望對方好好的，那麼在表達上不妨再體貼一點，讓他安心做自己。

婉拒邀約時，我其實很怕對方回答「好吧！」這兩個字，無論是用講的，還是用文字回應，於我來說，都透露著一種無奈的失望情緒，感覺對方沒有真正「同理」我無法現身的個人需求。每個人對特定詞彙的反應不同，即使現在比以前進步許多，但只要聽到「好吧！」還是會升起一種「我讓對方失望了」的莫名自責。為什麼拒絕他人會有那麼多內心小劇場呢？為什麼害怕讓人失望？我決定把這件事列入探索自我的二十大問題之一。

有些人會用無所謂的口吻回兩個字：「噢，好。」不妨多給對話一個完整的收尾，請對方放心忙自己的事，或好好休息：「沒關係，你好好休息，我們下次再約。」

有些情況例外，當有朋友遭遇重大變故，例如失戀、離婚、親人過世、身心遭受侵犯，或是獨居的高齡長者，請偶爾「敲敲對方的門」，適時把他從「洞裡」拉出來，陪伴他一會兒，小熊維尼就會對他的好朋友屹耳（Eeyore，那隻總是垂著雙耳、愁眉苦臉的灰毛驢）這麼做。這時候，鼓動你的三寸不爛之舌，展現充沛的行動力，帶他重新看看外面的美麗世界，反而是好事。

在《她們的創作日常》（Women at Work）一書中，作者提到一位藝術家瑪麗莎（Marisol）的社交習慣，她在參加開幕活動和聚會上以「沉默寡言」著稱，不少朋友分享他們跟這位藝術家相處數小時的經驗，她常常一言不發。

藝評家約翰・格魯恩（John Gruen）生動描述某次參加一場戶外野餐：「瑪麗莎靜坐聆聽餐桌上的熱鬧對話，有如雕像一樣安靜，至少兩個小時完全靜止不動地坐著。」瑪麗莎為自己解釋，她並不關心大家對她個人形象的評價，參加社交活動只是為了放鬆，她認為跟大多數人沒什麼話好說，寧願把與人交談的力氣花在工作上。就算開口，也惜字如金，直接了當。這樣的人遵從本心行事，是個很真實的人，由於她傑出的藝術表現，即使性格有點古怪，仍是當時受歡迎的聚會邀請人選。

如果婉拒他人邀約不夠有底氣，何妨向印度寶萊塢巨星莉查・查德（Richa Chadha）取經，參考她的想法：「如果我直接、誠懇地表達我的需求，其實被拒絕的人並不會覺得冒犯，會覺得被冒犯的那些人，也許根本不在乎我的需求。」這樣內心會不會安適多了呢？

心無罣礙做想做的事，尊重彼此都有需要獨處的需求，無論哪一方，用話語表達理解，相互體諒，期待下次相聚再好好把盞言歡。

校準生命目標，取捨交談對象

「心胸遠大者激盪想法，資質平庸者討論事情，心胸狹窄者道人是非。」

——前美國第一夫人愛蓮娜・羅斯福（Eleanor Roosevelt）

去年冬天，我特地回新竹一趟，跟多年不見的大學前輩小聚，多數人尊稱他「守仁老師」，我稱呼他「嚴大哥」。早在二十多年前，嚴大哥便致力推廣生命教育，創辦了「希望園區讀書會」，也曾在台北、高雄、新竹等地舉辦過超過五十場次的「讀書會導引人培訓班」及超過一千場次的公益讀書會，更以社會企業的模式，推廣與落實生命教育的志業，是台灣推動生命教育和社會企業的典範先驅。曾任科技業高階主管的他，轉戰企業講師也成果斐然，還曾被《管理雜誌》推薦為全球500華語企管講師。

聚會那天，竹北風和日麗，我們隔著小方桌，倚著落地窗，喝著很有耶誕氣氛的烤蘋果風味拿鐵，身心暖洋洋的，舒服交流這些年的人生體會和教學經驗。

「以這樣的方式開啟冬日晨光，真好啊！」我內在的小女孩滿足地把兩隻腳盪來盪去。

「與君一席話，勝讀萬卷書」和「醍醐灌頂」是與嚴大哥聊天時的兩大感受。初識那年，清大材料系的他已經入社會多年，中文系的我才進廣播界不久，如今再聚首，我們依然熱愛閱讀，並以各自的專長來推廣生命教育，交談起來既有同校的溫馨回憶，又有理性的對話激盪，特別過癮。

最令我讚嘆的是，每聊到一個話題，博學多聞的他都能立刻舉出適切又深刻的書籍做輔證，包括《U型理論》、《萬法簡史》、《意識光譜》、《未來預演》、《最高學以致用法》、《你是誰，比你做什麼更重要》等等，並且清楚有次第列舉重點。我常調侃自己的腦容量和記憶體越來越像「金魚腦」，那麼嚴大哥肯定有顆令人羨慕的「鯨魚腦」，而且腦內的神經元細胞（nerve cell）不斷擴充更新。

對了，順帶「科普」一個冷門知識，一顆鯨魚腦的腦容量相當於人類的九個大腦。

嚴大哥說，看我從廣播主持到口語表達教學，一直走在實踐自我天賦和對社會有意義的道路上，非常替我高興。他特別讚賞我以「質感」概念來詮釋口語表達，並注入身心學習經驗，「看完妳的《質感說話課》，我發現妳的想法和詮釋，跟當代哲學和科學界討論得很火紅的課題『感質』（qualia）很符合，妳的書應該叫《感質說話課》。」

在那之前，我沒聽過「qualia」這個詞，好奇的我上網查了一番，原來所謂「感質」，是探討人的知覺意識和感覺感受，「qualia」起源於拉丁文的「quale」，最早由美國哲學家路易斯（C.I. Lewis）於一九二九年開始使用，意指一種微妙、難以言喻的直接感官感受及心靈觸動。也就是說：「你如果沒有親身體驗，就不得而知。」日本索尼（Sony）公司甚至曾以「感質」為核心價值，推出高級品牌，其評判的標準之一，便是該產品能否為使用者帶來「情感價值」。

仔細想想，人與人之間的溝通表達確實如此，你沒有親自開口說，沒有與他人實際互動，就無法了解那是什麼感覺，會產生什麼樣的結果。我向來以較為「感性」的本性看待世間發生的一切，而理工背景的大學前輩，為我想傳達的口語表達理念輔以理性的另一種詮釋，令我倍感驚喜。

我們也聊到「時間運用」這話題，尤其面對各方邀約該如何做取捨？我先分享自己的狀況，我很享受與人交談，自從當了講師與出書，希望從我身上獲得一些解答指引的人更多了，每次見面或臉書私訊，我都承載著諸多提問和互動的期待，對於這樣的信任，我心懷感謝，但身為一個長年獨自打拚的自由工作者，需要處理的事情多如繁星，隨意列舉就有研發課程、設計簡報、撰寫行銷文案、閱讀、看影視作品、整理工作照片、數位資料備份、維護社群平台、回覆網友及學員讀者的提問、各種進修；還有體能鍛鍊、散步、靜心冥想、料理、整理家務、與好友交流、出席社交聚會、欣賞藝文展演、陪伴家人等等。待辦事項永遠像是眼巴巴等你餵食的愛犬，獨處沉澱的內在需求也越來越強烈，偏偏任何訊息或邀約沒有回覆，我都會記掛著，常常懷有內疚感。

聽完我的苦惱，嚴大哥分享自己的取捨準則：「我會判斷對方想談的話題以及那場活動是不是符合我的人生最終目標。只要心裡有這項基礎，要跟誰聚會、想參加什麼活動，就可以很快下決定。對於陌生的邀訪而說要談合作的人，我會建議他先來參加我的課程或公益講座，先讓他了解我。」

「那我能跟嚴大哥喝咖啡，真是太榮幸了。」我開玩笑說。

道別前，我衷心表示對這次聚會的感動，受益匪淺。嚴大哥溫暖回應：「那是因為妳聽得懂，並不是每個人都走到這樣的生命階段，也不是每個人會有這些興趣和體悟，所以我跟妳聊得也很盡興，我會繼續期待妳接下來的發展，還有下一本書。」

回到家不久，手機鈴聲響起，收到嚴大哥傳來聊天時提到的一些書單，還有幾段推薦我看的影片連結，並送給我一段話：

「我們的生命能量就像一條條充滿不同感質（qualia）的絲線，在因緣俱足時，透過生命故事的對話，交織出值得回憶的絢麗圖像。上溯空性之道是智慧之道，下及萬有之道是慈悲之道，祝福月琪學妹智慧慈悲兼顧，在法界之中活出妳獨特的生命芬芳。」

很幸運走到人生這個階段，能與這麼一位有理念也懂方法的「生命教練」重逢請益。《易經》有句名言：「同聲相應，同氣相求。」志趣相近的人事物，會互相回應，自然應和。《醫道同源》作者蔡璧名教授則如此解釋：「你在意什麼，就會去珍惜跟你價值觀相近、聲氣得以相通的人。」不同的人生階段，會帶給你感動和啟發的人事物會產生變化，先校準自己的生命目標，就能在交談對象的取捨上，有更清楚明快的決斷，才不會虛耗有限的時間與心力。

當然很多時候，要取捨並不那麼容易，這又讓我想起另一位朋友，且稱她為Ada。

我和Ada是多年老友，奇妙的是，個性風趣聰慧、人緣極佳的她，在親密關係上很容易陷入一種循環，一開始很快跟某個對象燃起激情，相處之後，很快演變成互相折磨傷害，終於忍痛分手，接著又繼續藕斷絲連好長一段時間，最後自我厭惡。而每個階段的感情變化，她會跟我們的共同好友Bella鉅細靡遺分享。

基於多年情誼，我跟Bella每次都耐心聆聽，給予回應，我們都懂得，無論快樂悲傷，友誼的情感支持十分重要，但倘若傾吐的密度和濃度已經超出對方可接受的範圍，則會對他人造成困擾與負擔。

維繫情誼的挑戰在於，每個人的生命歷程很難剛好同步，所以找到符合每個階段的相處之道格外重要。前些日子，當Ada表示想好好梳理自己的生命經驗，包括童年及婚姻遭遇的傷痛陰影，我終於承認，觸及過往生命較深沉的創傷經驗，光靠友誼的安慰是不夠的，我們誠懇建議Ada尋求專業協助，並提供幾位心理師名單供她參考。

慶幸我們這麼做，過了幾周，Ada很高興分享：「我開始進行心理諮商了，第一次諮詢結束後，覺得內心清明好多。」在心理師專業引導下，曾經「卡住」的一些問題，她看得更清楚了，後來她又進行了幾次諮詢，每次都有新進展。

「諮商費用不便宜，我先做幾次，再看看後續吧！」有孩子要撫養的Ada，還是很心疼這筆支出。

很多人會選擇把錢花在購物享樂來逃避傷痛，或抓住願意包容他的親友，重複差不多的故事敘述。這麼做可以舒緩一時情緒，卻無法解決根本的問題。術業有專攻，專家的引導對談，可以協助找出問題癥結，付出的時間與金錢絕對值得。

暫時拒絕當情緒「樹洞」，朋友可能會感覺受傷，但就長遠來看，反而挽救了友誼。無止境需索朋友的耐心與時間，終究會成為被對方判斷取捨交談對象中，那個被捨棄的選擇，我們都不樂見這種情況發生。

除了尋求專業協助，我也很推薦獨自旅行和撰寫日記。獨自旅行有大量跟自己對話的機會，換個時空遇到的人與事件，會製造更多「頓悟」的機率。而透過撰寫日記與自己對話的益處不消多說，可以梳理腦海中的盤根錯節，挖掘深藏內心的情緒油井，相信很多人都曾受惠。

有時，必須殘忍一點，暫停對方一來信傾訴，便給予安慰的慣性反應。反覆傾倒同樣的困擾和痛苦，代表沉痾積習已深，尚未找到問題所在，你花費許多時間聆聽及回應對方的情緒需求同時，也拖延了實踐自己生命目標的腳步，因為你沒有足夠時間照顧自己。

每隔一段日子，不少人會刪除臉書上很少互動或價值觀懸殊太大的朋友，此一舉措也是取捨在社群媒體上的交談對象。如果你被「unfriend」的頻率很高，不妨省思一下原因是出在哪裡。若只有少數人對你這樣做，可能對方跟你的生命目標、理念、價值觀有了頗大的歧異，或你在臉書上呈現出來的生活樣態和工作成就，讓他覺得刺眼。通常有這樣的變化，回顧彼此曾有的互動，以及稍微了解對方的近況，多半可以知曉原因。傷感難免，繼續把自己過好，勤勤擦拭內心之鏡，走著走著，沿途會有適合的新夥伴加入，繼續陪你看人間細水長流。

當代最具影響力的公共知識分子喬登・彼得森（Jordan B. Peterson）在《生存的十二條法則》（12 Rules for Life: An Antidote to Chaos）書中提出十二條面對濁世與混亂生活、架構更有意義的生命架構法，其中第三條生存法則是：「結交希望你變得更好的朋友。」這也是協助我們校準生命目標，取捨交談對象的極佳建議，特別補充在本文之末，提供你我做參考。

CHAPTER

3

媒體訪談

訪談者的心態定錨

「你如果問別人陳舊而扯淡的問題，就會得到陳舊而扯淡的回答。」

——諾貝爾文學家得主、二十世紀最重要的小說家海明威

有沒有人想直接跳過「媒體訪談」這整個篇章？只因為你不是媒體主持人、記者、紀錄片導演、需要做田野調查的學者，也沒想過成為YouTuber或Podcaster，尚未投入語音聊天社群平台Clubhouse，更不是苦情的研究生，即使被綁架到阿富汗，還是很可能被指導教授「救」回來，然後一見面就追討你的論文進度。如果是後者，在此致上我無比的同情。

根據我私下「不負責任的民調」，多數人認為「訪談能力」是某些職位才需要具備的專業能力，其實這是一種美麗的誤解。

先分享一個乍看跟訪談能力無關的小故事，當年我規劃荷蘭旅行，曾一度想跳過「鹿特丹」（Rotterdam）這個無論字面上或念起來都沒有「巴黎」來得浪漫、又曾在第二次世界大戰幾近全毀的海港城市。我心想：「鹿特丹應該不是什麼有趣的城市。」結果我在鹿特丹住了三天，遇到待我極好的民宿主人，也由於戰後重建，鹿特丹吸引了許多優秀又有創意的建築師到此大展身手，因此我有幸見識到非常多特殊造型的出色建築，還有當時剛落成不久、號稱最時尚的「拱廊市場」（Markthal）。

鹿特丹離中部另一個城市烏特勒支（Utrecht）很近，我順便去了一趟，又在其中一間教堂聽到極美的合唱團演出。這一切起源於，我不因為內心覺得這件事或這個主題與我無關，願意給自己和那個城市一個機會，而有了後來的際遇與回憶。

一個選擇，帶出下一個結果。一個提問，引出下一個提問。一段交談，吸引下一段交談。一切累積下來，造就了人生。

所以，請給自己一個機會，接下來幾篇文章，我會大量分享身為訪談型主持人、媒體受訪者，以及從事口語表達教學後，所遇到的訪談案例與思考。裡面提到的觀念、思索以及對話運用，或許會深化你在其他場合的對談能力，讓彼此的交談更有深度，開闢出新的可能性，至少我誠摯希望能對你產生這樣的助益。

當你開始執行訪談任務前，先別急著下手擬問題，請花幾分鐘，思考以下三個問題：

（1）訪問這位來賓，對我有什麼意義和益處？

（2）來賓接受我的訪問，對他有什麼意義和益處？

（3）這場訪談的過程和結果，對閱聽大眾有什麼意義和益處？

如果畫一個三角形，三個端點分別擺上「訪談者（你）」、「受訪者（對方）」和「閱聽大眾（觀眾／聽眾／讀者）」，你的比重順序會是什麼？

多數人應該會最先想到：「訪問這位來賓，對我有什麼好處？從他口中可以獲得什麼精彩的答案？」這麼想很符合人性，也很合理，這也是為什麼越有名氣、越有地位的人，大家爭相邀約，因為透過一場會晤，可以吸取對方寶貴的人生經驗與智慧精華，獲得資訊新知。社經地位較高的來賓答應受訪，也意味你或所服務的機構單位被認可肯定，任務順利完成後，還能為自己的訪談經驗再添一筆光彩。

訪問景仰的來賓，若表現得好，對方有可能記住自己，說不準未來有其他合作機會，或變成現實生活中「真正的朋友」。假使時間充裕，且相談甚歡，或許還能額外提出跟自己有關的私人問題向對方請益。

多年前，我訪問「國標舞女王」劉真，她本人跟電視上呈現的形象一樣，聲音容貌甜美可人，身材穠纖合度，比電視上要再嬌小一點，氣質很優雅。訪談順利結束，得知我們有共同認識的朋友，感覺又再親近一些，熱愛舞蹈的我忍不住請教她：「妳覺得如果我跳國標舞，適合跳哪種舞呢？」

國標舞分為「摩登舞」與「拉丁舞」兩大項目，每項各有五種舞蹈類型。劉真仔細端詳我，認真回答：「妳如果跳摩登舞裡的華爾滋、狐步、Quick step，應該會很不錯喔！」我頑皮嘟起了嘴，面露遺憾：「難道我不能跳性感的拉丁舞嗎？」穿著火辣性感的閃亮舞衣，大跳鬥牛舞，多酷啊！

「妳也可以跳倫巴或捷舞，那要吃胖一點，跳拉丁舞有點肉會更好看，跳起來也更有力道。」訪問當年，我確實挺瘦的，這些年多長了幾兩肉，應該達到她的建議目標了，遺憾劉真在二〇二〇年提早到天堂飛舞，後來每次看到國標舞演出，總會想起我們對談時，她那美麗又專注的神情。

不好意思，想到曾經相處過、如今已不在的節目來賓，總會有些感傷，讓我們繼續回到主題。

「主持人」這個角色有種吸引力，據我所知，部分已有社會資歷的專家願意接受主持節目「沒有酬勞」這樣的條件，乍聽不可思議對嗎？因為「金錢」並不是他們在意的重點，他們很清楚更大的收穫在後面。有了「主持人」這個身分，較容易邀約想結交的業界人士。除了擴展人脈，更有機會分享自己的觀點，宣揚想讓大眾知曉的內容。來賓獲得宣傳曝光的機會，訪談者親炙來賓風采，並探詢未來的合作契機，兩全其美。

除了表象的益處，還有深層的個人情感意義。若有機會訪問家人、求學時的恩師、心儀的偶像，一定意義非凡。好比你是電影迷或念電影相關科系，有朝一日能訪問李安導演或《全面啟動》的導演諾蘭（Christopher Nolan），相信你會盡最大的努力做好這次訪談，一輩子都會記得彼此互動的時光。

接下來，讓我們思考第二個問題：「來賓接受我的訪問，對他有什麼意義和益處？」

讓我們把焦點從自己，轉移到受訪者身上。來賓付出寶貴的時間，累積許久所得的經驗與智慧，在接受你的訪問過程中，你有做出什麼貢獻嗎？例如，是否帶給對方尊重、舒適、愉快的對話感受？你先讀過對方的作品、其他媒體相關報導、了解對方的事業嗎？訪談後，會以具體行動支持受訪者的作品或對方舉辦的活動嗎？擬訪綱時，是否體貼照顧到他的宣傳需求？你是否拋出夠特別的好問題，刺激來賓做更多思考？當來賓真誠回答，你是否也真心回應，而非虛應故事？

坦白說，第二個問題是我從事主持工作多年後，加上自己也陸續接受媒體專訪，才獲得的深刻體會。我驚訝發現，不是所有訪談者都會替來賓設想那麼多，光是準備好自己已經不容易，想保持「黃金三角」的平衡，不僅需要做足功課，還必須觀察他人的需求，再熟練地發揮出來。初期無法兼顧一切很正常，只要先有關照他人的意願，實際做法可以慢慢鍛鍊，最後成為一種習慣。

回想主持廣播的那十多年，我很認真，盡力照顧來賓的心情和錄音環境的舒適度，每周需要製作不少的節目，邀約一位又一位來賓，專訪完這位又輪到下一位，每天都在讀資料和構思訪題，剪輯節目也親自動手，我常笑稱自己是「聲音女工」，錄音室就是「聲音加工廠」。當年的我，還沒有成熟到能思考更深的層次，設計訪題時，偏向站在自己和聽眾會有興趣的角度。至於能丟出更深刻更有創意的問題，激發來賓思考連他自己也沒想過的問題，是在主持多年才終於開竅。

有沒有做功課，有沒有真心以待，來賓一定感受到。記得有位常接受媒體訪問的好友告訴我，她曾上過某個節目，從她進錄音室的半小時，主持人沒有正眼瞧過她一眼，等正式訪談開始，打開麥克風那一刻，突然對方很熱絡跟她說話，雖然對方很有名，資歷很豐富，但她的感受很不好，所以當她上我的節目，我的溫暖和周到馬上融化她的心。感謝許多來賓讚美我是他們見過最用心體貼的主持人，回頭反思，有些部分還可以做得更好，但那已經是當時的我能給出最大誠意和能力，覺得過去有不足之處，代表自己一直在成長，也應該為此感到欣慰。

部分媒體人會不自覺流露傲慢，認為邀訪對方，是提供管道讓來賓宣傳作品或產品服務，這當然值得感謝，不過，節目也期待透過來賓的影響力和知名度，為主持人和媒體平台加分，除非你的地位和媒體招牌更響亮，否則受訪者更在意尊重和被理解，希望好好被引導說出他想表達的話。

最後，讓我們思考第三個問題：「這場訪談的過程和結果，對閱聽大眾有什麼意義和益處？」

媒體屬性和場地會影響訪談的提問方式，比方記者會通常只有一到一個半小時，有時更短，能與主角在台上對談的時間十分有限，因此我盡量不在記者會上問太艱深的問題，多提出輕巧有趣的問題，讓對方容易回答，也引導對方回答「比較有哏」、具有創意的答案，好讓辛苦忙碌的記者回去有東西可以寫，坐在台下的長官貴賓和觀眾，也可以享受一場記者會。

一九七七年，一位年輕記者曾對埃及總統安瓦爾・沙達特（Anwar Sadat）提出一個有點尖銳的問題，該名記者感覺沙達特總統有心追求和平，但為什麼沒有嘗試跟以色列接觸呢？這個提問，在總統心中埋下一顆種子，並持續發芽。一九七九年，沙達特總統親身前往耶路撒冷，在以色列國會發表了一場在歷史上極為重要的演講，更於同年在白宮簽署和平協議。當年的那位記者，就是後來的CNN主播沃夫・布利茲（Wolf Blitzer）。一個卓越的問題，可以對受訪者產生深刻的意義，促使行動，甚至影響後來埃及和以色列兩國之間的和平局勢。

百鳥爭鳴的媒體時代，任何人都有機會成為一名「訪談者」，把心態定錨在最重要的兩個核心態度：「尊重」與「理解」，相信你的訪談會帶給人真誠的感受，對大家都有幫助。

好好把訪談心態的「黃金三角」打磨地閃閃發亮吧！讓你、受訪者和閱聽大眾都不虛此行，你會發現這些努力很值得。

鳴槍與起跑之間，訪談前的人物背景調查

「現在這一刻，看著你的我是真實的。過去的我和未來的我，都不是我。」

——韓劇《富豪辯護人》

在律師界堪稱「天之驕子」，在法庭上戰無不勝的他，常趁夜深人靜時，拿著一袋衣物到家附近的自助洗衣店，精準地說，是凌晨五點半。某個深夜，他一如往常來到洗衣店，裡面卻坐著一個女人，應該也在等衣服洗好。這女人並不年輕，但有種謎樣的魅力，她抬頭看了男人一眼，勾起一抹淺笑，態度不冷不熱，繼續沉浸在自己的閱讀世界。

幾次巧遇，他忍不住主動攀談，對方偶爾回答，卻從不多言，益發勾起男人的好奇心。

如各位所想，兩人迅速墜入愛河，素來驕傲自負的男人在對方面前，成了情竇

初開的少年。她的興趣喜好跟自己很像，無論音樂品味、喜愛的作家，無一不契合。交往一陣子後，男人在美麗的河畔送給女友一只腕錶，盒子裡附一張字條，深情寫道：「希望我的時間能成為妳的時間。」

很浪漫的愛情故事對嗎？劇情急轉直下，跳一個畫面，男人自信滿滿來到法院，準備幫某位囂張跋扈的權貴客戶打離婚官司，他勝券在握，踏入法庭昂首闊步，意氣風發。

男人向庭上敬完禮，轉頭大驚，他竟看見女友一身俐落裝扮，目光犀利，出現在敵方律師陣營中，跟平日判若兩人！原來女友也是律師，能力更不在他之下，那場官司因女方握有關鍵證據，男主角以慘敗收場。而那份關鍵文件，正是兩人濃情蜜意交往時，女友在他家窺見而竊得。

以上是韓劇《富豪辯護人》（Hyena）第一集劇情，由韓國「青龍獎」影后金憓秀與朱智勛主演，運鏡節奏明快濃烈，破題十分精彩。

再往下深究，原來劇中女主角曾有悲傷的過往，為了自我救贖，也伸張心目中的正義，成為敢於衝撞體制、不按牌理出牌的律師。為了贏得官司，她事先調查男主角的生活作息、個性愛好，製造兩人邂逅的機緣，以伺機獲取重要情報。

做足功課加上欲擒故縱的策略果然奏效，男主角被偷走的，不只是法庭上決勝負的文件資料，還有包藏得嚴實驕傲的一顆真心。

回顧兩人初相遇，女主角正專心閱讀一本小說《霧中的女孩》，書名選得真巧妙，整部片除了呈現律師界的激烈競爭，上流社會與企業門閥之間的利益權謀攻防，也帶領觀眾抽絲剝繭，慢慢理解謎樣的女主角何以成為現在的她。

人性從來不只有單一面向，每個人都經歷大大小小的事件，活成現在的模樣，甚至戴上各種「面具」，以應對不同場合。究竟該如何了解一個人，撥開横亙彼此之間的未知雲霧？這是「人物訪談」的迷人之處，也是困難所在。我彷佛看到日本小說家夢枕獏筆下的「陰陽師」晴明大人輕搖扇子皺著眉頭說：「是啊！苦惱。」

慶幸的是，大部分媒體訪談不像法庭攻防戰那樣，稍不慎就身敗名裂，但有一點頗為相似，準備工夫下得越深，越知道該如何應對，進一步影響對方對你產生多少信任感，願意打開多寬敞的心門。搜集情報不是擄獲芳心或對談致勝的「唯一」要素，卻不可或缺，而且這麼做，也展現你對此事的重視和誠意。

自從有了網路，人們查資料便捷許多，首先，凡事必問「谷歌」（Google）。

訪問對象若是名人，很容易搜尋到相關報導，但必須小心核實，不可盡信。雲端上的訊息真假交錯，只依賴「維基百科」或斷章取義很危險。特別一提，維基百科是非營利組織「維基媒體基金會」負責營運開放的平台，有些網友會依照自己的喜惡或理解，刻意上去杜撰或竄改資料。查詢人物背景時，務必選擇有信譽的媒體平台，採訪報導的人要有專業媒體素養，避免輕信拼湊剪貼出來的「內容農場」網路文章。

引用「數據」尤其要注意，例如受訪者的年紀、作品數量、獲獎時間、人生重要轉折事件的時間點，請力求精準，一旦講錯，容易給人「不專業」、「沒有認真做功課」的負面印象。

舉個例子，通常現場TED演講結束後，製作團隊會花幾周處理現場演講影片，再上傳到YouTube平台。如果你訪問一位來賓，他曾在二〇一八年十二月初登上TED，後製團隊花了兩個月處理並上傳影片，那麼在網路上出現那場演講影片的時間就會是隔年的二月。如果把他參加TED講成二〇一九年，就是錯誤的訊息。因此，在網路上查到的資料，請多花一點心力核對。

正式上場前，最好能跟受訪者提早碰面聊聊，針對疑惑的內容，與對方再次確認（double check）。你可以這麼問：「很榮幸可以訪問您，我在〇〇報導中看到這段資訊，想跟您確認這個數字（或這個說法）是否正確？有沒有哪些部分您想多補充？還是有哪些部分您希望這次省略不提？」

受訪者若有自己的官方網站或著作，裡面關於他本人的資訊會可靠得多。不過，也有人為了符合面對外界的形象，建立與他本人真實性格和人生重大事件有落差的「人設」（人物設定），在瀏覽對方的臉書、IG、LinkedIn、YouTube或Podcast頻道時，盡可能把內容全看一遍，跟其他媒體報導交叉比對，再根據訪談需求和受眾對象做資訊的篩選裁減，最後再進行訪題設計，等到正式訪談，要有自己的觀察判斷，才會更加貼近一個人的真實面貌。

訪問者做多少功課，有多少相關知識，受訪者多少感受得到。假設你喜歡日本當代藝術家奈良美智，長年關注他的作品，參觀過他的展覽，聽過他的演講，甚至連周邊商品都買了好幾件，那麼一定累積相當豐富的訪題資源，當有機會訪問奈良美智先生，言談間，語氣會特別有說服力。若能提到其他人很少或從未問過的細節，對方會十分驚喜！這也就是為什麼有些主持人訪問到自己的偶像，表現特別出彩，即使都緊張得冒汗了，聲音有點發抖，也會獲得原諒，甚至覺得你很可愛，誰叫你是他的忠實粉絲呢？

資料搜集齊全後，就可以進入裁減挑選的工序。仔細看這些資料，哪些觸動你的心？哪些你的受眾可能感興趣，哪些資訊必須在訪談中巧妙帶出，好對客戶主管有交代？哪些內容說出來後，可以榮耀對方？也可能查到某些故事是來賓「不想說的祕密」或「黑歷史」，但那段經歷對閱聽大眾具有啟發性，或是大眾值得了解的真相，那麼「問與不問」，必須清醒做抉擇。

至於訪問「非名人」該怎麼準備資料呢？如上所述，現在幾乎每個人都有臉書和其他社交媒體，從中可以窺見一二。另外，大部分人只鑽研該受訪者的個人背景，建議多看跟受訪者屬性相似的人物故事，還有根據對方所屬的產業，進行資料搜集，會讓你的訪問跳出不一樣的格局，更有深度和廣度。

以上建議也適用於訪問名人。簡單舉個例子，比方訪問圍棋選手黑嘉嘉，除了看她的媒體報導，不妨涉獵圍棋的相關電影、漫畫，另外，多參考其他棋士的報導，不同運動賽事都可以作為對照，找出相同點和差異點。共同點也許是「專注」這個特質對於棋類比賽的重要性，差異點可能是每位棋士日常的練習方式、上場前各有固定的「儀式」，以及克服壓力各有奇招。相較於其他棋士，容貌出眾的黑嘉嘉還進軍演藝圈，這是個五光十色、需要贏得觀眾認可喜愛的環境，跟圍棋像是截然不同的兩個世界，從這裡切入，也都有很好的問題素材。

放手搜集資料，小心求證，用心以待，你的受訪對象和閱聽大眾都期待一場有趣有料的精彩訪談。

探索你的訪談風格

「語詞有其侷限，它是不完美的工具，但看它以多高的角度照亮黑暗。」

——作家艾米・班德（Aimee Bender）

把「人」分門別類是偏頗的做法，不過，每當看到巨蟹座年度運勢，或〈全球十大最性感男星排行榜〉這些文章，還是會忍不住從第一行讀到最後一行。為了方便解說，我把訪談者粗分成四大類型：策略型、感性型、幽默型和批判型。不過，除非是「可燃」與「不可燃」物品，人的組成顯然比紙張和玻璃瓶罐複雜得多，看完這篇文章，歡迎你延伸出自己的訪談類型，完全沒問題。

首先，讓我們來看看「策略型」的訪談者。通常他們有顆縝密的邏輯腦，會盡量蒐集資料，充分思考，訪題鋪陳循序漸進，著重在詢問對方的目標、計畫和佈局過程，話語中帶有大量數據、資訊，技術面、實際做法及完成時間表。陳述事件或故事時，來龍去脈交代得很清楚，而腦海中有一張地圖或路線圖，以及俯視全局的視角。

「可以聊聊你當初成立這間公司的原因嗎？符合你最初的設定嗎？你的終極目標是什麼？」

「你當初準備的創業基金是多少？現在做到這個規模，下一步計畫是什麼？打算給自己幾年時間完成？」

無論他是一本正經還是眉目含笑，心裡都很清楚自己在說什麼，期待訪談能達到某個明確目標。跟策略型的訪談者對話，最好能理性陳述，不拖泥帶水。

接下來，我們來談談「感性型」的訪談者。

重視情感交流，喜歡娓娓道來一段故事，是這類訪談者很重要的特質。相較於其他三大類訪談者，他特別設身處地替來賓著想，在意來賓在互動過程是否自在舒適，會關注來賓的情緒狀態。擅長感官和內心活動的「細節」描述。另外，「我覺得」、「你覺得」這種感受性的措辭也會特別多。

感性型訪談者自備探照燈，想照亮人性的幽深之處，例如恐懼、喜悅、悲傷、憤怒、情慾、失落，也較願意坦露自己的內心世界。

我就是感受型的訪談者，曾數度在來賓面前共感掉淚。曾有學員問我：「在來賓面前落淚到底好不好？」這要看情況，若對方提起過世的親人，而你也有類似的經驗，因此動容落淚，一點也不會不妥，反而來賓會跟你更親近。

突然想起有一次，進行電台專訪時，我忍不住在來賓面前哭了，忘記聊的是什麼話題，只記得原本頑皮嬉鬧、有點不受控的來賓，趁中場休息空檔，偷偷低頭不知道在寫什麼，等錄完節目，對方塞給我一張小紙條，裡面寫了幾句安慰的話，感覺很窩心。事後我問了幾位有聽節目的朋友，他們完全聽不出我那集有什麼異狀。落淚其實無妨，適合當下氣氛反而是一種美，也更人性。

每位訪談者都想問出精彩的故事，很多故事都在回憶裡。感性型的主持人溫柔潛入對方的心湖，引導受訪者拾起一些遺忘已久的故事，但不是粗暴掀起狂風巨浪，讓對方狼狽翻船。

我曾設計一個廣播單元叫做「懷舊筆記」，請每位來賓用三到五分鐘，分享一段他們印象深刻的小故事。有趣的是，大家回憶的片段都是童年或是家鄉的事。當聊起家人、童年和青春時期，特別容易軟化對方的心牆，因為難留少年時，每個人的童年和青春都只有一次，格外珍貴，這類故事也特別動人心。

中國有位知名主持人董卿，曾經連續主持十幾年央視春晚，後來她製播主持了好幾檔深度訪談節目，她也是非常典型的感性型訪談者。在《朗讀者》節目中，其中一集主角是表演藝術家金士傑老師，如果你訪問金士傑這樣的大師級人物，會怎麼開場呢？策略型的訪談者可能會從他創辦蘭陵劇坊開始聊起，而董卿一開始詢問了金老師剛出生的孩子，只見這位平日略感嚴肅的戲劇大師，笑得非常開心且溫柔，細細談起了孩子出生的狀況，後來又主動聊起自己的父親。

談到家人，容易勾起內心柔軟的角落，倘若家庭並非和睦，甚至有家暴境遇，那也可以從另一個角度切入提問，只是建議等訪談進行到中後期，再伺機而動。

至於「幽默型」的訪談者，請容我開玩笑比喻，像是在台灣的企鵝和羊駝（或許你聽過牠的另一個俗名：草泥馬），相對稀少，人見人愛。

我好幾次在課堂中做民調，請學員們評估自己偏向哪一種訪談者？「幽默型」的比重永遠最低，每次都只有寥寥幾位舉手。我想，或許是台灣教育並沒有足夠的空間和養分，鼓勵大家安心發揮幽默好玩的性格。如果天生幽默，可能在家長老師的制止下，漸漸壓抑了本性。能夠幽默，是非常難得的特質，如果你是幽默型訪談者，請務必保持下去，能讓自己、來賓和觀眾都開開心心，對談中有料又有糖，簡直功德無量！

重視輕鬆愉快的氛圍，妙語如珠，是幽默型訪談者的特色。比方英國著名的喜劇演員詹姆斯・柯登（James Corden），同時也是極出色的幽默型主持人。他最受歡迎的談話節目《The Late Late Show with James Corden》有個招牌環節是「車上卡拉ＯＫ」（Carpool Karaoke），每次他會開著車，沿途載一位或一組嘉賓，邊開車邊聊天，跟來賓一起引吭高歌。再大咖的名人明星都會被他逗得哈哈大笑，唱走音也不打緊。

營造一個適合讓對方表現真我的環境，不限於幽默型的訪談者，不過，這類訪談者確實很能透過話語或巧思，吸引來賓放下心防，展現出超真實和平常鮮少流露的童趣一面。

如果你想當個幽默型的訪談者，必須自己能放鬆自在，享受對話，以寬廣有創意的眼光欣賞對方各種特質。特別提醒一點，講話的尺度拿捏要注意，東西方民情不同，你以為的「幽默」，如果來賓和聽眾不覺得，反而變成冒犯，就會出現尷尬場面，對方的心門就會再次關閉。多累積訪談經驗和觀察力，深入理解不同文化和禁忌，才能找到最佳平衡。

最後，我們來聊聊「批判型」的訪談者，先讓我擦個汗。

他們大部分非常聰明，有一雙不輕易接受表象的眼睛，對來賓的言詞和既有媒體報導，帶著質疑求真的挑戰精神。許多人在接受專訪時，為了展現自己最好的一面，會掩飾自己不那麼喜歡、不那麼善良正直的部分，而批判型的訪談者，想推開有美麗前庭的洋房宅邸大門，一窺背後是否藏著雜草叢生，暗藏不為人知的密道。

這類訪談者不怕衝突，問話精準辛辣，甚至享受針鋒相對的「快感」。面對批判型訪談者，要有幾把刷子，否則會被問得面紅耳赤、氣血攻心。如果彼此勢均力敵，那麼欣賞批判型訪談者的對話會很過癮，兩位強者尖峰對決，受惠的絕對是觀眾。

雖然我倡導「質感對話」，鼓勵大家較溫潤善意的互動方式，但並不是要你無條件迎合來賓，如果專訪「疑似」黑心企業的負責人或操弄權力的無良政客，那麼問出事情的來龍去脈和真相對全民都很重要。只要你的提問可以伸張社會正義，促成正向改變，幫助弱勢福祉，那麼請盡情發揮你的批判之舌，勇敢發聲吧！

有些批判型的訪談者是為了符合節目或個人需求，故意想給對方難堪，或挖坑希望對方一時不察跳下去。如果這就是你想製造的效果，並且願意承擔後果，包括來賓拂袖而去、彼此的關係破壞或中止，那麼，上帝祝福你！

噢！上帝應該不會鼓勵你這麼做。身為質感表達的代言人，我還是誠心希望你的批判個性，有著更為大眾著想的意圖，請出口留情。

很少有人是單一類型，多半是兩三種，甚至四種都有的綜合體，但一定會有某項特質特別鮮明。我分析自己是感性型為主的訪談者，第二順位是策略型，帶點幽默感，批判性格也有一點，只是會隱藏在溫和的提問中。

並不是感性型訪談者就沒有邏輯、不懂策略和批判，只是對他們來說，更看重人與人之間的情感關係，也就是以「人」為導向，即使提出批判性的問題，也會用溫和的方式來呈現。相對地，並不是批判型的訪談者，就不顧他人感受，任意妄為，只是比較以「事」為導向，在意的地方不同，表現的方式不同而已。

任何訪談者和受訪者，都是「互相成就」的關係，無論你是哪一種類型，都想要真相，希望對方誠實無欺，自己也有所成長。永遠記得，無論哪一種型的訪談者，在真實世界裡，對話永遠無法完全如你所料，保持開放與接納，將讓你的訪談生涯走得更長更久。

最美的時光，從「時間軸」沉澱出耐人尋味的訪題

「時間是生命的材料。」

——美國「革命之父」及發明家班傑明．富蘭克林（Benjamin Franklin）

時間帶來的禮物，不只是鬢髮漸成霜、腰圍變寬、記憶力減退，它還會帶來豐富的故事和體會。故事可能酸甜苦辣，答案或許蕩氣迴腸，前提是你要能找出對方最重要、最在乎的幾個人生階段及轉折，適時切入與引導，才有機會挖掘出精彩的好故事。

媒體專訪常見的「起手式」，尤其是深度人物專訪，常順著來賓的生命歷程，從年輕時期循序漸進提問，最後以「你對未來有什麼計畫或展望？」作為結尾。這樣的訪談方式很好，通過時間序列，清楚流暢地從過去聊到現在，再遙想未來。聽眾順著清晰的「時間軸」，很容易理解主角的生平大事記。如同我在《質感

說話課》曾提到的概念，你這位載滿聽眾的「知識列車」駕駛，需要安穩、體貼地把聽眾載到你希望他們抵達的地方。

讓我來解釋一下訪題構思的「時間軸」以及下一篇會提到的「空間軸」概念。如果畫個十字，橫軸代表「空間」，縱軸代表「時間」，你跟受訪者進行對談所處的時空位置，就在「此時此地」，也就是你們落在縱軸（時間軸）和橫軸（空間軸）的交會點，而根據這兩大軸線形成的四大象限，就可以變幻出各種豐富的問題。

時間軸有很多區分法，比方「過去、未來」，還有以「日、月、年」為單位，以「童年、青少年、中壯年、老年」為分界，或者分為「求學、踏入社會當上班族、成為自由工作者、創業擴展」等階段。

「得到第一座重要獎項」、「第一次當父母」、「離婚那一年」、「親人過世後」、「被公司解僱」、「得知罹患重大身心疾病的那一刻」……人生重大的獲得與失落，都是特別值得探討的人生交叉點。

除非是人物傳記，否則不必從「盤古開天」開始問起。記得二〇一八那年，雲門舞集成立四十五周年，挑選幾十年的作品精華推出〈舞作精選〉，這也是林懷民老師宣佈二〇一九年退休前的重要回顧展。我很幸運看了演出，結束後，有一小段時間開放現場觀眾提問，由林老師親自回答。

有位觀眾是雲門的忠實舞迷，也關注台灣歷史變遷，他洋洋灑灑從雲門成立的台灣時代背景談起，因為前面鋪陳太長，我已經忘記他真正的問題是什麼。如果是深度訪談節目，有足夠的時間帶領聽眾慢慢打開時空之門，倒也無妨，倘若是演出後的簡短交流場合，比較適合「快速切入主題，直接問重點」。林老師善體人意且身經百戰，他選擇其中一個切入點來回答，既回應了這位忠實舞迷，也照顧到其他觀眾。下一個觀眾則提出簡單但大家都很有興趣的問題：「您交棒退休後，打算做什麼事嗎？」林老師可開心了：「追劇呀！學做菜啊！我有好多劇想看都還沒時間看。」大家都笑了，一掃先前稍感沉悶的氣氛。

如果來賓開始做一些從來沒做的事情，就是很好的提問方向，詢問對方有沒有近期特別熱衷的生活方式？比方開始學頌缽、跑馬拉松、登山露營、養鸚鵡、每個周末到宜蘭種稻等等。

「看你最近的臉書常分享爬山的照片，為什麼突然愛上爬山？有什麼特別的原因嗎？你會為了爬山買很多相關配備嗎？」聊自己喜歡的事，人特別來勁，輕鬆的話題當作暖身，等氣氛活絡起來，來賓看起來很放鬆，再帶到其他較深入或嚴肅的話題。

訪題要橫越三生三世？還是只著眼某幾個職涯區間？最好事先思考清楚，評估那次的訪談任務，允許多長的訪談時間。如果你的規劃是聊整個人生，那麼前面花太多時間聊童年往事，後面想問創業的甘苦談，時間就不夠了。當然你也可以順著當下的狀況，讓他多講一點，只要最後能繞回節目主軸。

優秀體貼的訪談者，可以帶領受訪者回溯過往某些重要人生片段，讓對方以安全舒適的方式敞開心胸，潛入意識之海，娓娓傾訴出來，並從中發現形塑來賓人格和生命軌跡的重要線索。如果「創業」話題是你特別想談的主題，但對方聊起童年眉飛色舞，你可以快速調整訪題，進一步引導：「剛剛你提到小時候父母的管教十分嚴格，那麼現在你成立了自己的公司，有很多年輕員工，你對他們會很嚴格嗎？還是反而給下屬更多空間？」

給你一個挑戰，假設訪問的對象一直待在同一間公司，沒搬過家，伴侶也都是同一人，還能問出新穎的問題嗎？當然可以。世界變化如此快速，竟然有人三十年都沒換過工作，婚姻維持了五十年，這不是太值得好好探討一番嗎？對方一定有某些性格、思考判斷、篤信不悖的價值觀，讓他決定「如如不動」，以不變應萬變。「改變」是許多優秀訪談者會討論的方向，因為每個人都會在不同階段面臨「變與不變」的抉擇，只要往下挖掘，常能聽到很珍貴的人生體悟。

時間在一個人身上，會帶來很特別的作用，無論是身型、神情，舉止、說話方式的變化，當然還有對善惡以及公平正義的價值觀。若有機會，每隔一段時間訪談同一位來賓，挑選過去曾經提問過的一兩個問題，聽聽他的想法是否跟過去有所不同？還是從一而終？如此的訪談會更加深刻，如陳釀般香醇。

美食風土紀實節目《鹽油酸熱》（Salt Fat Acid Heat）曾拜訪一位製作味噌的日本女性，大師分享第一個步驟是蒸黃豆，然後加一點水，再加入米麴，以促進良好的發酵作用，接下來加入手工鹽。大師解釋，「手工鹽加入的效果，是工業生產出來的鹽所比不上的。」最後一道程序是將這些材料混合壓實，放入甕中，有時靜置長達三年。最後她說：「時間，是產生風味的關鍵。」

從美食回到人生，電影《女神們的下午茶》（Nothing Like a Dame），便是以四位英國戲劇界的國寶級巨星為訪談主角，讓我們親眼見證時間帶來的禮物。

這四位分別是茱蒂・丹契（Judi Dench）、瓊安・普洛萊特（Joan Plowright）、瑪姬・史密斯（Maggie Smith）、艾琳・阿特金斯（Eileen Atkins），她們都曾受英國皇室封為「女爵」（Dame），獲得的獎項加起來超過三百座，足已開一間獎盃博物館。在這部小成本的紀錄片中，充滿魅力的資深女神們輕鬆喝著香檳，暢聊大半輩子的演藝人生。

從這部電影，觀眾能清楚看見時間的脈絡，其中穿插四位女星年輕時的珍貴劇照和演出片段，光彩照人。鏡頭轉到現在的她們，坐在美麗的莊園，銀髮映照出自在自信，更加直率敢言，聊的話題很瑣碎，甚至還聊到「吃飯用的假牙」和「說話用的假牙」。雖是好友之間的輕鬆說笑，每個都像是冷面笑匠，偶爾神來一筆，但因為各自的代表作在影壇佔有重要位置，即使聊的是芝麻小事，沒事吐個槽，抖出當年拍片的幕後秘辛，還是掩蓋不住歲月帶給她們的生命厚度和智慧，至少我看得津津有味。

紀錄片尾聲，導演問四位主角：「對年輕的自己，妳們有何建議？」這是個媒體人滿喜歡問的問題，聽起來有深度又可以帶出有智慧的答案，就讓我們列入「媒體人的參考題庫一百問」吧！

女爵們怎麼回答呢？

八十多歲的茱蒂女爵脫口而出：「噢……饒了我吧！」

披戴著天藍色圍巾的瓊安首先分享：「早點開始學瑜伽和冥想吧！認識自己的大腦，了解大腦與身體的關聯。我年紀大了才開始感興趣，早點學，可以學得好。」說完，看了一眼隔壁的好友。

艾琳：「脾氣不要太差，講話不要那麼衝，還有多傾聽。」

瑪姬：「換我嗎？我現在腦袋一片空白，反正年輕的我一定聽不進去。我大概會說，別懷疑，做就對了！」

艾琳：「挺好的，應該寫成一句標語，而且要用拉丁文寫。」

「哪一句？」

「Cum Dubito Desisto.」

最後，在《〇〇七》電影中扮演龐德的頂頭上司「M夫人」的茱蒂・丹契：「我會說，別太容易受感情左右。」說完她馬上掩面大笑：「聽起來好哀傷，天啊！」

另外三人大笑：「噢！小茱……」

「為愛癡狂又如何？」其中一人反問。

茱蒂：「我不要！不要放太多感情。」

瑪姬：「不過，反正一切都來不及了。」

瓊安：「只要有心，一切都來得及，隨時都可以墜入愛河。」

看四位有智慧又率直的女星你一言我一語，太有意思了！

訪談時，不要只問對方做了哪些事，不妨進一步挖掘：「因為這件事，你學到什麼？體會到什麼？現在的你會有不同的做法嗎？」

「生命中有哪個場景畫面、事件、人物，仍會不時出現在你的腦海？如今你找到它們對你的意義了嗎？」

倘若有機會訪問以上四位英國女爵，我想問她們：「走過璀璨風華，現在的妳們最在意什麼？」

「還有什麼樣的人事物會激發妳的激情？」

「別人做什麼事會讓妳想脫下腳上的鞋，朝對方丟過去？」

想要帶領彼此和聽眾到什麼樣的地方，踏上什麼樣的旅程？是熱鬧歡樂的拉丁嘉年華？還是潛入幽深的內在海洋？你心中有答案嗎？縱使我們不是巨星，就算不是媒體訪談，也可時常問自己是否有慢慢累積人生的精彩故事，未來可以說出有意思的回答。

時間會給出什麼樣的答案，耐人尋味，期許我們和每一位受訪者，都不斷進化成長。

行者無疆，以「空間軸」為切入點的訪題設計

「時間和空間是生命的舞台。」

——《生命的時間學》作者柯萊恩（Stefan Klein）

時間和空間交錯而發生的故事，構成了歷史。人的一生中，不可能毫無立足之地，只蝸居家中，就算沒有出國遠行，也一定有求學經驗：幼稚園、小學、國高中、上大學，也有人繼續攻讀碩博士，或給自己一段尋找自我的「Gap Year」。踏入社會後，應該換過幾間公司，或走上創業之路。

無論經歷了什麼，都免不了跟各種「空間」產生關聯，如建築、教室、住所、校園、鄉鎮、城市地景、天地蒼穹，交織出無數故事和回憶。以「空間軸」的概念與人對談，如同打開對方內在一層又一層的多寶閣，裡面藏著珍寶，每件寶物都有可供賞玩探問的重點，問題素材取之不盡，只要願意用心，寶藏就在眼前。

這讓我想到許芳宜，如果你喜歡舞蹈，對這名字一定不陌生。她曾是雲門舞集首席舞者，也曾被譽為「美國現代舞之母——瑪莎・葛蘭姆的傳人」，登上過美國知名《Dance Magezine》雜誌封面，並被評選為「二〇〇五年最受矚目的二十五位年輕舞蹈家」。對了，她還參與過侯孝賢導演的《刺客聶隱娘》演出，飾演聶隱娘的師父。我很幸運，曾經訪問過她幾次，還上過一堂她親自示範的舞蹈課。印象最深的插曲是，當我跟其他學員平躺在地板上跟著做動作，突然聽到她笑說：「主持人（是指我），抬起妳的臀部，不是胸部。」我的身體和大腦當下沒有達成共識，真糗！

芳宜是宜蘭子弟，十六歲到台北追求舞蹈夢，青春歲月在華岡藝校舞蹈科和國立藝術學院度過。爾後加入雲門舞集，又過了好些年，隻身帶著兩卡行李箱到紐約習舞，努力爭取演出機會。等她在國際大放異彩，「流浪」多年後又回到台灣，成立自己的舞團，也回到校園，培養更多年輕的「潛力之星」，並常邀請國際舞者一起編舞，跟年輕舞者同台演出，幫助年輕人打開更寬廣的視野。

以上的「空間」線索有注意到嗎？宜蘭、台北、舞蹈學校、美國、紐約、台灣，這還沒提到她擔任雲門舞者期間，跟著舞團到世界各地移動的大小場域。

第一次訪問芳宜是二〇〇八年，她上我節目宣傳《37Arts》舞作及同名紀錄片，之所以有這個作品，起源於二〇〇七年夏天，許芳宜成為第一位受邀至紐約Baryshnikov藝術中心駐村的亞洲藝術家，《37Arts》就是記錄她跟舞者們在這個場地排練的心路歷程，以及在異鄉的美麗與哀愁。

以下節錄幾個跟「空間」有關的對談片段，我特別回顧當年的訪談錄音，感覺就像是昨天才訪問她一樣。

我：「為什麼作品叫做《37Arts》？」

許：「因為這棟building就座落在紐約街頭37街上面，它就叫做37arts，當時我們覺得這座building對我們有很深刻的意義，因為那兩個月的創作過程，我們每天都在那裡吃，在那裡住，在那裡睡，我們就是生活在那邊。」

我：「妳對這棟樓又愛又恨嗎？」

許：「基本上是愛比較多，我們不恨它，我們只是恨彼此和身邊的人，（笑）但我們愛那棟樓，這個藝術中心經營得非常用心，也為整個紐約的舞蹈文化帶來新氣象。單純說這棟樓，是太多表演藝術工作者夢寐以求的環境，非常希望有一天台灣也能有像這樣子的一棟樓，讓表演藝術工作者能夠在裡面放心地工作，專心地創作。」

我：「為什麼想做成紀錄片？」

許：「可能過去十幾年來，我一個人在紐約，家人都在台灣。記得我在紐約的時候，心裡不斷想著，如果我的身邊有一台錄音機或錄影機該有多好？我好想把很多畫面和當下，分享給所有愛我和我愛的人，讓大家知道我們是怎麼走過來的。」

我：「當妳很熱情的時候，旁邊的人講一些過分理性的話，會不會心裡討厭被潑冷水的感覺？」

許：「對我還好。某種程度我內心就有一種小小的叛逆，那個反叛性在我的個性和身上反而起了一種正向的作用，你越是挫敗我，越是打擊我，它會是我再出發的動力來源，韌性會更強。」

我：「所以許芳宜是激得起的人？（笑）」

許：「對對對，不要激我！（笑）很多人都告訴我，台灣這個大環境如此不好，妳為什麼要回來？台灣沒有舞台。但我心裡想，人要做過才會甘心，否則留著那遺憾要做什麼用呢？也許這輩子只有現在有這份熱情和這份勇氣，比如二十年前的我，當時拿了兩個皮箱就去紐約，現在叫我再什麼都不懂，就拿著皮箱到非洲去，我敢嗎？我可能不敢了。啊！去紐約我可能還是敢，去非洲我會害怕了。（笑）」

拋出「空間軸」的相關問題，容易協助閱聽大眾勾勒出清晰立體的畫面。你可以單純鎖定同一個場域發生的事情和心情，如果聊到某個地方，對方很有話說，就不要硬把他拉到別處，你們就好好待在這兒，把話題聊深一點。也可以拿兩個或更多空間場域來做比較，比方許芳宜後來卸下瑪莎．葛蘭姆舞團首席舞者的光環，回到台灣作育英才，我問起東西方年輕學子在學習態度的差異，她分享西方國家的小孩對於「獨立思考」比較成熟，台灣學生也有，但成長得稍微晚一些，被動一點。

「他們也有那份好奇，但那個好奇、求知和學習的慾望，卻不是那麼強烈。」她這麼補充。

我：「會不會跟東方人的習慣有關？服從性比較高，老師教什麼就吸收什麼。」

許：「我們很拚命，很努力，但忘了自問：『我為什麼要做這件事情？』你忘了舞蹈原本的意義，好像練到你已經忘了『開心』是什麼。一個作品，一個舞蹈，難道只是腰腿的工夫而已嗎？技術是唯一嗎？技術到達了完美就是藝術的最高境界嗎？你是否曾經想過，什麼樣的肢體才能夠感動人？你真的知道什麼叫『感動』嗎？你真的感受過感動嗎？這些都是非常值得思考的。我相信音樂家或畫家都一樣，必須非常細心地去品嘗咀嚼生活的每一個部分，甚至每一個節奏，單單技巧到底夠不夠？當你不懂得思考，基本上你會覺得技巧就足夠了。事實上要訓練一個擁有好技巧的舞者，真的不難，但是要訓練出一個有思考能力、站在那裡就能穩住台的人，卻不多。」

訪問許芳宜時，她的嗓子常常是沙啞的，因為除了教學、演出、諄諄陪伴年輕舞者和學生們，還要接受不同媒體專訪。即便如此，透過言語、眼神和笑容，依然遮掩不住她溫柔又強大的內在力量。

近年她對舞蹈的熱情，轉化為更平易近人的大眾教育，提倡「身體要快樂」理念，透過從外而內的自觀與學習，是「愛自己」的具體實踐。應該找個時間，再跟她好好上一堂課，再跟她聊一聊。

回憶曾經待過的空間，或是對談當下所處的空間，都會影響談話氛圍和表現，就連想到的故事經驗、聲音神情和肢體動作也可能不一樣。不妨觀察對照有棚內及外場主持經驗的主持人和記者，當他們在攝影棚專訪來賓，跟他們在來賓家中、美麗的咖啡館、邊走路邊對談，顯然走出攝影棚的他們，看起來更加輕鬆親和，也更加妙語如珠。

夢境、宇宙、靈界、天堂，這些特殊的「空間軸」主題，跳脫一般人理解的物質世界，充滿值得探索的魅力，可以做許多虛實對比的深入對話。請注意，先確保你的受訪者對這類主題保持開放的心態，免得造成訪談過程兩人不在同一個「維度」上。

總之，帶領或跟隨你的訪談對象上山下海，跨越疆界，讓彼此的談話空間與想像力，擴大，擴大，再擴大！

體貼你的來賓，當個善解人意的訪談者

「接受訪問這件事並不容易，所以，你得給受訪者一個機會，讓他能清理思緒。」

——首位獲得普立茲新聞類獎項的非裔美國女性伊莎貝爾・威克遜（Isabel Wilkerson）

二〇一九年，我接受「滾動力 rollor」的人物專訪，這是一個以人文紀實、故事分享、經驗傳承為主軸的媒體頻道，邀訪對象鎖定在人文、美學、教育、公益、藝術領域有一定貢獻和特長。成立以來，記錄了數百位各行各業達人們的心路歷程，以及成功失敗經驗談。很榮幸能成為其中一位受訪對象，記得當初收到訪綱之用心豐富，若全部答完，應該也把我的前半生交代完畢了。

採訪企劃叫做Miya，跟我差不多嬌小，精力充沛，活潑靈動。自從那集節目播出，她笑說只要公司有新進實習生報到，她一定規定他們看這集影片，而且要分享心得。

「實習生指定教材嗎？」我驚訝。每次訪談結束，總覺得自己可以表現得更好，謝謝滾動力如此抬愛。

「那支影片除了聽老師講的內容，還可以觀察老師表達時的神態，大家都滿喜歡的。」Miya不只實踐「質感說話」的精髓，還繼續以行動表示支持。去年《質感說話課》出版，她再度開心來信：「老師，我買了妳的新書，還多買了一本放在公司，指定所有實習生都要看。」

「這也把實習生逼太緊了！」我既感動又好笑。

回想那次專訪的前置作業，Miya先寄來初步訪綱及採訪流程，我們相約咖啡館聊了許久，針對部分題目和提問順序做了調整。過沒幾天，我收到修改版的題綱，還分成「開場」、「個人歷程」、「路途的荊棘與玫瑰」、「以柔克剛的語言力」、「異域經驗的洗禮」以及「生命角色的流轉」幾大主題，每個主題再細述若干訪題。

錄影分成兩次，一次先回到我以前服務過的環宇電台拍攝一些錄音主持畫面，再去一間風格咖啡館補拍一些工作情境鏡頭。

正式專訪另選一天，地點在「滾動力」的攝影棚內。當天我自費請了專業髮妝師，穿上一身蕾絲長袖黑洋裝，坐姿優雅地接受訪問。之所以舉止優雅，是因為那件衣服的布料沒有彈性，雙手只能舉起三十度角。

Miya幫我細心別好隱藏式麥克風，邊發問邊專注看著我的眼睛，攝影師提醒我不用特地看鏡頭，整個採訪過程非常舒服妥貼，拍出來的成果很好。

她說，很少有受訪者會如此高規格對待一段訪問，尤其她入行時間不久，「滾動力」頻道也還未做到眾所周知，被採訪對象這樣慎重以待，她很感動。記得我接受其他專訪也常有主持人這麼說，我的想法是，無論面對哪一個媒體，哪一種合作，交談對象是資深前輩還是新人，都應該好好做準備，呈現出最好的狀態，那是對邀約方、合作方的尊重，對自己的尊重，也是尊重日後看到成品的閱聽大眾。

彼此都用心認真，後來有了回報。那集專訪成為若有新的合作對象想更了解我，或學員想多知道一些主持交談心法，我會推薦的影片之一。而那次訪談後不到兩年，Miya成為一家新媒體刊物《日日好日》雜誌的總編輯，可以做更多自己有興趣的主題，我相信不只是機運，而是她的認真態度，在適當的機會開花結果。

看到Miya，會想起年輕的自己，對採訪充滿熱情，戰戰兢兢準備，希望每位來賓都有很好的受訪體驗。我常想，如果我只當過主持人，或只當過來賓，就很難真正體會另一方的需求與心情。很幸運地，「採訪者」及「受訪者」兩種角色我都經歷過，以下我想站在受訪者的角色和心情，分享幾個可以幫助他們表現更好的「最重要的小事」。

不難發現，我提到的「質感對話」構成元素，都是很基本的小事。之所以不厭其煩提出，是因為許多人沒想過這些細節會對來賓和採訪成果產生影響。比方，體貼的訪談者會照顧來賓的「安全感」，許多受訪者是初次或很少上媒體，即使我已經有些經驗，遇到不同主持人與專訪環境，也需要時間適應。事先提供訪題和訪談形式，提前告知流程，提供過去其他來賓接受採訪的影片或節目連結，讓來賓有較完整的概念，正式上場就會安心許多，也能好好發揮。

優秀而善解人意的訪談者，會關心來賓的身體狀況和心情。為了不讓機器「過熱」，錄音室及攝影棚通常會把冷氣溫度調得很低，記得我還是廣播新鮮人，對於這點很不適應，問能不能把溫度調高幾度？前輩解釋：「錄音室的冷氣是給機器吹的，不是給人吹的。」事先提醒來賓多帶一件外套和圍巾，以免到時太冷而影響說話及思緒。來賓抵達現場，請放下手邊的資料，稍微寒暄問候，遞上一杯溫開水，表示對來賓的歡迎，也讓來賓潤潤喉，舒緩一下情緒。當身體做好保暖，喉嚨得到滋潤，聲音表現也會比較好。

想起很多年前，第一次上電視節目《大學生了沒》，由陶晶瑩、納豆和阿Ken共同主持，我是以「藝文部落客」的身分受邀，跟另一位出版社來賓dato以專家身分坐在一起，攝影棚的另一端則坐著固定的大學生班底。

那次談的主題是「好書推薦」，我坐在高腳椅上，全程努力保持上半身挺直，同時抵抗攝影棚的冷風。我猜想攝影棚會冷，但沒想到那麼冷，即使穿了長袖上衣牛仔褲，圍了圍巾，還是冷得直打哆嗦。加上棚內人多，錄到一半，我腦子開始缺氧，完全無法集中注意力。回家路上，通告費和圍巾竟在騎車過程中不翼而飛，不過很開心在節目裡介紹了當時很喜歡的新書——幾米《故事的開始》，也見識到電視錄影實況及幕後流程，這就是我第一次當電視節目來賓的回憶。

一般人並不熟悉如何面對麥克風，不妨協助來賓調整最適當的麥克風位置，測試一下收音品質，正式錄音雙方都可以有最飽滿且平衡的音量。

特別要提醒的是，現在有很多線上直播節目，最好在正式播出前一兩分鐘提醒一下來賓，倒數三十秒和十秒鐘，再提醒一次，以免發生畫面已經播出去，但來賓以為還沒上線，結果還拿著衛生紙清理鼻子，後來被朋友調侃：「為什麼節目都開始了你還在挖鼻孔？」說來好囧，這也是我的親身經驗，我就是那位來賓。

雖然現代人欣賞「自然」的樣子，但大家應該不希望被看見太醜的模樣，尤其影像會在網路上流傳很久，除了做好訪談內容，協助把來賓最美的一面呈現給大家，這也是一種體貼。

訪談不是每次都完美，只要善解人意，多照顧以上細節，來賓一定會感受到訪談者的那份心意。祝訪談順利！

小心傲慢！失禮的訪談表現

「對別人說長道短及對於名氣的渴望，都源自於同一個缺陷：這兩者都是缺乏關注的產物。」

——英國作家、「人生學校」創辦人艾倫・狄波頓（Alain de Botton）

自從訂閱Netflix這個有海量優質電影、影集、電視節目的隨選影音串流平台，我的視野更開闊，時間也更不夠用了。妙的是，不懂西洋棋的我，在看完Netflix自製影集《后翼棄兵》（The Queen's Gambit），差點買下昂貴的西洋棋盤，想找人拜師學藝，最後我克制住了。

簡單地說，這是一部講述女主角貝絲・哈蒙（Beth Harmon）如何在六〇年代的男權世界過關斬將，終於贏得全球棋后的故事。全片只有七集，毫無冷場，連每位角色的服裝都極為講究，實屬上乘佳作。

媒體特別喜歡介紹有故事的人，尤其像貝絲那樣的女孩。劇中，貝絲從小被收養，小小年紀就嶄露頭角，成為備受矚目的西洋棋神童，越長大越出落得貌美標緻，幾乎每位「手下敗將」都愛她。但貝絲內心桀驁孤獨，私下藥物成癮，下棋全憑直覺，所有性格元素和身世經歷，足以構成一篇篇點擊率高的精彩故事，她也果真在一次次榮獲桂冠後，接受不少媒體專訪。

回顧第三集，獲獎無數的少女貝絲接受《生活》雜誌記者採訪，這位女記者約莫中年歲數，戴著黑色粗框眼鏡，當我看到這段三分多鐘的訪談對話，內心馬上浮現一個念頭，「嗯！這真是人物訪談絕佳的負面教材哪！」

以下是記者與女主角的對話，我盡可能把兩人互動的舉止和表情神態描述出來，若你是女主角，不知有何感受？又會如何回應這位記者呢？若你是記者，會有不同的態度表現和提問方式嗎？

記者：「可以告訴《生活》雜誌的讀者，那是什麼感覺嗎？」

正捧著獎座讓攝影師拍照、一邊接受記者採訪的女主角面對這個問題，表情有點疑惑。記者看貝絲沒回答，右手手指挾著香菸，聳一聳肩，笑著補充：「我是指，身為裡面（西洋棋世界）唯一的女孩，萬綠叢中一點紅。」

女主角禮貌笑著回答：「我不介意。」

記者：「不會有點嚇人嗎？我還是小女孩時，根本不能參加競賽，只能玩洋娃娃。」

貝絲：「西洋棋不見得都是競賽……」

記者：「但下棋就是要贏。」邊說邊從煙盒拿起另一根菸。

貝絲：「對，但西洋棋也可以是……」

記者用不以為然的表情回應：「什麼？」

基於從小養成的禮節，女主角有點無奈，還是把話說完：「很美的。」

記者點燃了菸，放進嘴裡抽了一口，接著蹺起二郎腿，開啟另一個話題，以睥睨眼神直指女主角：「貝絲，妳是孤兒。」

貝絲：「對，我知道。」神色顯得尷尬不安。

記者失笑了一下：「妳當然知道，我只是好奇，妳在哪裡學下棋的？」

貝絲：「薛波先生教我的，他是梅休因之家的校工。」回答時，頭低了下去。

梅休因之家是她曾被收留的機構。

記者露出不可思議的表情，語調轉而上揚：「校工教妳下棋？真的嗎？」

貝絲：「對，我當年八歲。」

「在我想像中，在那麼沮喪的地方生活，下棋肯定能轉移妳的心思，妳一定很孤單。」記者繼續闡述自己對受訪者的評斷。

女主角神色越來越黯然，再一次垂下頭，隨即抬起頭接受拍照：「我不介意一個人。」

記者：「妳會把國王想像成父親，把皇后想像成母親嗎？一個負責攻擊，一個負責保護。」（國王與皇后皆為西洋棋裡的主要棋子）

女主角依然有禮貌回答：「那些只是棋子。一開始我是先注意到棋盤。」

記者：「棋盤？」

貝絲：「是的。這是六十四個方格組成的世界，我感覺……在裡面很安全。我可以控制、主宰那個世界，可以預測的世界。所以，如果我受傷了，我只能怪自己。」

記者繼續蹺著腳，身體斜靠椅背，斜眼笑看女主角：「真有意思。」

接著，突然又換了一個話題：「妳有沒有聽過『幻想性錯覺』？」

女主角此時努力抱著一大一小兩個獎盃，繼續讓攝影師拍照，耐心回答這位態度始終高傲的記者：「沒有。那是什麼？」

記者：「就是悟出異於常人的模式與意義，有這種病症的人，有時候會感受到啟發或狂喜，有時他們領悟到的模式與意義，其他人其實是無感的。」

貝絲：「這和我有什麼關係？」

記者：「創意和思覺失調往往是息息相關的，而且天才與瘋狂是一線之隔。」

又抽了一口菸。

貝絲：「妳覺得我是瘋子？」

記者：「不是，我只是想問……」

女主角的養母此刻走進房間，微笑切斷記者的提問：「我想訪問已經夠了，貝絲還有功課要做，她畢竟還是年輕的女學生，就像其他同齡的孩子一樣。」

記者：「對，當然。」

記者最後對貝絲說：「很高興認識妳。」態度始終保持一貫的不以為然，表露居高臨下的傲氣。

貝絲：「謝謝。」

臨走前，記者又丟來一個提議：「妳知道嗎？也許妳可以試試橋牌，我聽說許多棋士喜歡玩橋牌。」

養母馬上接話：「我帶您出去。」等記者踏出房門，養母對女主角皺眉搖了搖頭，顯然對這位記者非常受不了。

等報導刊出，女主角對於裡面內容大部分圍繞在她是個「女生」，而認真回答的話有一大半都沒被刊登出來，感到失望悵然。

「報導沒提到薛波先生，也沒提到我如何運用西西里防禦。」（「西西里防禦」是一種西洋棋戰略）

我很同情貝絲，劇中這位記者顯然不是以友善、尊重的心態進行訪問。再看仔細一點，坐在椅子上的她，從頭到尾以「身體的左側」對著女主角，而不是把整個上半身和臉部面對受訪者說話。仗勢職場資歷、年紀與媒體地位的懸殊差距，她不自覺（或許是刻意）流露出「上對下」的優越姿態，每一個肢體動作都無聲宣示：

「妳也沒什麼了不起，老娘來採訪是給妳面子。」

女主角當時年輕又內向，對自己還沒有足夠的自信，加上從小在教養院長大，被教育要有良好的禮儀表現，才有機會被領養，無形中養成她雖然有傲骨，仍不自覺向「權威」妥協的表現。也可能在鎂光燈下，不好得罪媒體，所以儘管內心不舒服，還是有問必答。所幸到了後面幾集，女主角漸漸脫離青澀，由內而外更有力量，面對媒體也更加自信更美麗，歲月和歷練使她成長。

平心而論，這位記者的表現並不罕見，長期以來，若從事媒體工作，便握有吸引群眾關注議題的優勢，傳統媒體、新媒體皆是如此。訪談中，受訪者雖是「主角」，但部分記者和主持人認為自己有權提出「任何」問題，而且沒有意識到自己存有某些「主觀預設」，而這些「成見」很容易透過用字遣詞、神情和肢體動作表現出來，進而影響受訪者的觀感、對話氛圍和採訪結果。

稍微用心觀察一段人物對談，不難看出雙方的權力地位關係，到底哪一方氣焰較高，想掌控更多話語權。不一定都是媒體方佔優勢，有時反而是受訪者比較強勢。無論哪一方，如果覺得被冒犯，或表述意思被曲解，請適時表達自己的意見和感受，否則會助長不對等的互動關係，訪談結果也會失真。

先不抱著「只要我講清楚，對方一定會改變」的期待，而是做出為自己喉舌、愛護自己的具體行動。溝通需要花時間，你也必須評估是否願意花這樣的心力時間，讓結果更趨近心目中的理想。

如果你是受訪者，需要有心理準備和雅量，接受媒體會根據自己的標準，決定選擇刊登、露出哪些採訪內容，不一定能符合你的期待。當然，如果偏離事實或涉及不實的人身詆毀，影響個人和公司聲譽，斷不可等閒視之，一定要跟媒體好好溝通，請求更正。溝通時，先感謝對方付出時間與採訪專業，再具體提出建議修改更正的地方，別忘記詢問對方是否有其他解決方案，最後取得彼此滿意的共識。

媒體人要有質疑精神，完全沒有反思固然不好，但一味質疑受訪者的回答，也會阻斷對方想要多分享的心情和意願。再博學多聞、閱歷豐富的媒體人，都有知識盲區，窮究一生，我們都不可能「全知」，自認懂得夠多或不想被發現自己對某領域無知，容易在談話中虛張聲勢、故弄玄虛。資歷越深的媒體人，越需要提醒自己避免落入這樣的陷阱。

無論你是提問者或是受訪者，以一種平等的關係進行對話交流，不卑不亢，多關注在訪談中自己能成長的部分，透過每次任務檢視工作價值，將為自己的職業選擇感到驕傲。如果你是媒體人，請讓銳利的口舌成為助人的利器，成為一個對社會有意義、對他人有助益的媒體工作者。

挑戰外景訪談：「漫遊圖書館」節目採訪經驗

「我心裡一直都在暗暗設想，天堂應該是圖書館的模樣。」

——拉丁美洲作家波赫士（Jorge Luis Borges）

大家想像中的媒體訪談，多半是穿得衣裝革履，舒舒服服在攝影棚或錄音室進行，錄製Podcast則是輕鬆在家裡完成。其實有不少媒體訪談會把場景拉到棚外，以增加節目效果的活潑度、真實性和多樣化，讓閱聽大眾有「身歷其境」之感。

脫離平日熟悉的「主場優勢」，外景採訪頗有難度，一方面許多受訪對象是素人，很少或從未接受過媒體採訪。再者，到不熟悉的場地採訪，容易讓人緊張，採訪場地有時滿遠的，偶爾一天還要趕好幾個地方，必須把自己的身心安頓好，才能好好發揮實力。更需要在有限的時間內，打開受訪者的心房，鼓勵他們多講一點，回去才有素材可以挑選。

記得我曾幫《Bazaar》雜誌採訪網球名將謝淑薇，那次必須趁她邊化妝的時候，抓緊時間做採訪。另一次訪問舞蹈家許芳宜，是到她的排練教室。還有一次訪問知名阿根廷探戈大師、也是電影《夢幻舞神》（The Tango Lesson）的男主角Gostavo Navela，則是到一間類似時尚餐酒館的場地，訪問結束後，一場別開生面的探戈舞會也隨即展開。

當初陪伴我出征的採訪錄音機是Zoom H2，我戲稱它長得像一枝「雪糕」，套上防噴麥的罩子，看起來很可愛。通常我會先跟對方聊聊天，討論一下待會採訪的方向，感覺受訪者心情比較放鬆，一切準備就緒，才會拿出錄音機開始專訪。

回顧各種外出採訪經驗，幫教育電台彰化分台製播主持「漫遊圖書館」節目非常難得，因為需要走訪台灣十幾個縣市鄉鎮，而且訪問對象多半是素人，挑戰特別大，收穫也特別多。

接下這任務的起源是，電台希望我負責製作一個跟圖書館有關的單元節目，每集只有五分鐘，最後選定介紹台灣十三間各具特色的公立圖書館，橫跨雙北、新竹、台中、彰化、南投、嘉義、台南、高雄和宜蘭。原本我還相中屏東和離島的圖書館，可惜因時間經費有限而作罷。

為了節省開支，地處較偏遠的嘉義鹿草、彰化埔鹽、台中埔里及霧峰、台南關廟及宜蘭五結鄉，我都是搭巴士或火車，熱情的圖書館館長或館員志工再親自到車站來接我，一出站，馬上感受到濃濃的人情味。

我想，現在應該很少有人願意這麼做，五分鐘的節目，花一整天採訪，後製再花好幾個小時，還不包括前置作業的電話及信件往返確認、閱讀資料，以及擬定訪綱。我還記得後製最後幾集節目的那一天，適逢跨年夜，朋友們跑去看一〇一煙火，全城熱辣喜洋洋，我則在家裡瘋狂剪輯節目，從電視上的新聞轉播感受跨年氣氛。

「漫遊圖書館」節目後來在教育電台聯播過一段時間，並代表彰化分台提名角逐廣播金鐘獎單元節目獎，雖然最後沒有入圍，不過至今回憶起來依然是很棒的採訪經驗。隔年電台邀請我製作第二季，可惜那時候我主持廣播節目已有十七年，出現很深的倦勤，另外，第一季所挑選的十三間公共圖書館已經是精華，想再找出具有極大特色的另外十幾間公立圖書館，實屬不易，考量之後，只好婉謝電台的盛情邀約。

想起採訪的第一間圖書館，是大家熟悉的北投圖書館，它是台灣第一座「綠建築」圖書館，也是全球最美的二十五座公共圖書館之一。沿著淡水捷運支線，出了新北投站，穿過翠綠蒼蒼的北投公園，迎面而來是一座美麗的木造建築，那就是了。在這裡，我採訪了周志宏主任，還有活潑的館員阿貝和玉環。

北投是知名的溫泉鄉，個子高瘦的年輕館員阿貝笑著分享兩則趣事。她剛到圖書館工作時，有位太太跟其他讀者一起排隊，到了她面前，開口就問：「請問泡溫泉的券是在這裡買嗎？」社會歷練還很稚嫩的她當場傻眼，那位太太還指著圖書館地下室繼續問：「是在地下室泡湯嗎？」

後來她還接過一通很有趣的電話：「請問你們今天還有雙人房嗎？」害她又傻眼一次。由於對方是外國人，阿貝很努力用生硬的英文解釋：「這裡是圖書館，不是溫泉會館喔！」

館員和志工們接受採訪時特別容易緊張，但只要先閒話家常，聊東聊西，讓他們放鬆心情，常會得到質樸可愛或溫馨動人的小故事。

我知道許多主持人喜歡驚喜，希望受訪者先保留故事不說，等正式開麥再說故事，因為重述第二遍往往聽起來就沒那麼興奮了，而且對方會以為自己已經講過，主動省略一些細節描述。不過我的經驗，面對很少接受媒體採訪的來賓，先聽他們說幾則故事，主持人再挑出特別有意思的一兩個，等正式錄音時，引導他們分享這些故事，這樣能確保錄到的是你覺得適合且精彩的內容。兩種做法各有千秋，沒有標準答案，端看個人喜好。

知名作家藍麗娟在《果然臺灣：種出在地的幸福》這本書上曾說：「生活愈簡單愈好，因為，簡單就是最大的豐富。」當我採訪許多鄉鎮圖書館，就有這種感覺。比方鹿草鄉立圖書館原本是棟日式老建築，進入館內大廳，抬頭往上看，挑高的屋梁橫木交錯，保留了日治時代庄役場的痕跡，古色古香。原本節目設定訪問館長翁秋霞，結果鄉長林沐惠臨時來串門子。外景採訪要懂得變通，如果有很特別的人願意接受訪問，不妨珍惜這樣的機會。

林鄉長說了非常多有意思的故事，比方鹿草是典型的農業鄉鎮，鹿草鄉立圖書館原本是日治時代的辦公廳，後來整修為一座圖書館。「我們圖書館雖然不是很大，但如果你走進來，會覺得很溫馨，很親切，很有感情。」林鄉長以流利台語很自豪地說。

鹿草有句俗諺：「種瓠仔，生西瓜。」每年四月左右會舉辦「西瓜節」，也是聽林鄉長解釋才知道，原來鹿草是西瓜嫁接的原鄉，從鹿草鄉出產的西瓜欉苗，大概佔百分之五十，「甚至花蓮、台東的西瓜欉苗，都是從我們鹿草鄉出去的。」林鄉長得意地說，還對著麥克風大聲歡迎大家來鹿草玩，順便品嘗好吃的西瓜。

介紹完鹿草，熱情忙碌的林鄉長跟我說聲抱歉，又去忙鄉里其他事了。

翁秋霞館長感性地說，希望透過圖書館這個場域，還有他們舉辦的各種活動，讓更多人破除「文化是很高級的東西，是都市人的權利」這樣的迷思，不是鄉下沒有文化，鄉下地方反而處處是文化，周遭的環境建物，許多本身就是「文化的存在」，圖書館也可以變成歷史的活教材。

「這裡很舒服，甚至很多阿公阿嬤會來這裡看個報紙，就在這邊打個盹。小朋友如果來，可以透過這個建築物，讓他們了解歷史的演進過程。」在圖書館裡的自然涼風吹拂中，我還真的舒服到想打個盹呢！

再分享一間圖書館採訪經驗，提到台南關廟，你可能馬上想到的是超市常賣的手工關廟麵，以及傳統菜市場常陳列的美味鳳梨。造訪台南關廟區圖書館，認識了翁憲璋館長之後，我才知道關廟過去盛產藤椅，以前日本還會特地委託關廟鄉（現在改制為關廟區）製作藤製家具。經過時代演變，工資與設計費高漲，原料取得越來越不易，因此關廟現今製作藤家具逐漸走「高級化」客製路線，比方特別為飯店、酒店、旅館設計高級藤椅。難怪關廟區圖書館放置了一組藤製桌椅，不僅提供讀者美好的一方閱讀空間，也提醒大家別忘記關廟有這份驕傲榮耀。

雖然主題是「圖書館」，除了介紹圖書館本身的建築設計、所處的地理環境，若能多談談風土民情，以及有關「人」的故事，更能為節目增添可聽性，採訪者也特別有收穫。

這讓我又想起採訪高雄大東圖書館的時候，接受採訪的吳主任說，一般來到圖書館都是學生青少年居多，但有些爺爺奶奶輩，視力不太好，這時候書本字太小，看影片反而舒服。在二樓影音多媒體區，館方採購了非常多影片，由館員統一管理設備，長輩們可以找一些他們那個年代的影片來懷舊，毋須擔心不會操作、甚至弄壞機器。他們只要挑好片子，拿給館員，戴好耳機，就可以度過一個悠閒的下午。我在現場的確看到很多年長者專注看著影片，十分感動。

吳主任繼續說，從圖書館開館以來，很多住在鳳山區的退休長輩，送完小朋友上學，就會來到圖書館，挑一部歌仔戲或布袋戲，對他們來說，有點像是重溫以前的記憶，而且有趣的是，歌仔戲布袋戲都是有集數的，他們會一整個下午先看一兩集，隔天再繼續接著看下回分解，還會很直率地問：「怎麼下一集還沒有出？」

訪談再精彩，礙於種種原因沒錄到（大家常歸咎於「水逆」），那就是「錄了個寂寞」。精彩對白錯過難以重現，出發前務必測試設備，錄完一兩段，隨時回放檢查一下。如果回到台北，才發現關廟或埔里的訪談音檔一片空白，該多麼搥胸頓足哪！就算重新安排採訪時間，不只付出雙倍時間和交通成本，造成雙方額外負擔，也給人不專業的印象。請以出國旅行前整理行李的用心細心，好好檢查採訪設備是否正常，備用電池、麥克風及耳機有沒有帶上，離開採訪場地也要再檢查一次，免得「跑來跑去一場空」。

若把交通和時間成本算進去，外景採訪是錢少事多的體力活，初期我也覺得有點辛苦，後來改用「台灣小旅行」的心態執行採訪任務，漸漸樂趣橫生。

「圖書館珍藏書本的美好，透過圖書館，讓我更認識台灣。我期待下一次再度漫遊各地的圖書館，遇見可愛的人們，繼續發掘更多好故事。」我為這個節目片尾寫了這麼一段固定結語。坦白說，以前我很少行旅台灣，如果沒有這些工作機會，可能不會主動走訪這些鄉鎮。現在到任何地方演講教學，我心想：「又可以順便旅行了！」而滿懷喜悅。工作結束後，我會逛逛當地的圖書館，以及周邊景致，這都是那年採訪留給我的習慣和禮物。

無論是傳統影視節目主持人和記者，或是新媒體的YouTuber或Podcaster，很鼓勵你嘗試外出採訪，這些經驗會為你帶來很不一樣的工作體驗，也會讓你更珍惜所處的這片土地。

Podcast主持技巧與媒體素養

「現代人的腦海中都有個遙控器，如果你沒抓住他們的興趣，他們就把你關掉。」

——管理顧問米娜・莫洛斯基（Myrna Marofsky）

以往想成為媒體主持人的門檻頗高，如今科技發展帶動各式新媒體興起，從YouTube和Podcast（播客）盛行，臉書直播蔚為風潮，到Clubhouse（語音社群平台）異軍突起，人人皆可發聲，擁有自己的節目或「直播間」，甚至聽眾觀眾遠至海外，都不再遙不可及。

我曾經和一位新媒體平台主管初次見面，對方非常年輕，能力出眾，我們聊得很愉快，席間，對方不小心脫口而出：「月琪姐，我們新媒體不像你們老媒體那樣……」話一出口，他馬上發現說這樣很失禮，立刻改口：「不不不，我是說你們傳統媒體人……」哈！來不及了。身為台灣第二波中小功率電台開放不久就踏入廣播界的「老媒體人」，我對被稱呼為「姐」早已習慣，被叫做「老媒體人」也不太介意，只是覺得這些稱謂很有趣，後來我偶爾會跟朋友打趣自稱是「老媒體人」。

無論傳統媒體或新媒體，只要對外發聲，就是設定有聽眾的存在，因此，所有在公眾演說、與人交談所需要留意的事項，即便換到新媒體也多半適用。

由於Podcast在台灣方興未艾，至今已有超過上萬個Podcast節目，後勢可期，我想就以這種新內容媒體舉例，希望對有心投入Podcast的「有志之士」有些幫助。

去年知名網路媒體「INSIDE」以〈Podcaster都該學的說話課〉為主題，邀我做了很細緻的採訪報導，最後分成上下篇刊出。主編李柏鋒和編輯Anny原本希望我分享主持Podcast的口語表達「技術面」，包括聲音不好聽可以做節目嗎？從文字到口語表達如何輕鬆轉換？無意識的贅詞冗言和主持緊張焦慮怎麼克服？如果是雙人主持，該如何和諧搭配等等。我逐一回答之外，特別提出一個常被遺忘但極為重要的問題，那就是打算做Podcast之前，請先問自己為何要做這件事？也就是了解自己的「意圖」。是為了透過節目打造個人品牌？建立人脈？擴大知名度？或是代表企業經營品牌形象，多一個跟消費者行銷溝通的管道？

Podcast的錄製門檻較低，甚至有一台手機就可以錄音上傳，也不需要像傳統媒體一樣必須經過面試口試，才能登上主持台，所以初期的Podcaster多半是素人，後來才陸續有傳統媒體工作者、網紅（internet celebrity）、KOL（各專業領域的關鍵意見領袖）及企業加入，當競爭者漸多，並且越來越多節目找出新商業模式後，大家對於設備和錄音空間也越來越講究了。

抱持輕鬆的心態做節目，會有比較好的創作動力，也比較容易起步，有時候設想太周到，會推遲計畫落實的時程，我就有這種傾向。心態可以輕鬆，還是要留意言談內容和聲音品質，否則很可能造成幾種狀況，例如主持人和受訪者沉浸在愉快的聊天氣氛中，自己笑得樂不可支，聲音忽大忽小，咬字含糊不清；或沒有交代前因後果，想到什麼就聊什麼，結果聽眾一頭霧水。自由活力，隨興灑脫，是新媒體的特色之一，不過請記得，表達方式再搞笑有趣，Podcast仍然是「媒體」，在看不見的遠方，有人在收聽著，請體貼替聽眾的耳朵著想。

很多人喜歡做訪談類的節目，因為要一個人獨撐大局，自己講足十幾分鐘到一小時，不是人人可以做到。邀請自己有興趣和欣賞的來賓對談，甚至家人同學都找來聊，自然有趣得多。另外，邀請來賓對談，也可以在彼此的社群平台互相推薦，拉抬網路聲量，擴大影響力，是「多贏」的局面。

在我教授「人物訪談」和「活動主持」課程時，很多學員常誤解，以為兩個人主持比一個人容易得多。如果是老朋友，有相當的默契，或許能敏銳注意到對方的微表情，知道何時該救場接球。抑或本身都是媒體人或口語表達工作者，有豐富的公眾表達經驗，那麼問題會比較少。但絕大多數的雙人搭擋，常會不小心搶話、音量比例有落差、情緒太嗨而越聊越大聲，默契不足而空秒冷場，如果沒有好好討論節目流程，培養默契，節目效果不一定比單人主持來得好。

再來，Podcaster通常有其他正職工作，主持Podcast只佔生活的一小部分，往往錄完音不後製就上傳播出，美其名「這樣比較自然」，其實幕後真相往往是，認真剪輯節目非常花時間和心力視力，我可以作證，過去我的節目都是自己後製，保守估計剪輯超過一萬小時的節目音檔，光是後製一小時訪談節目，包括挑選襯樂、調整人聲和背景音樂的音量比例、修剪贅詞冗句等等，經常花費原始訪談的數倍時間，而目前多數Podcast還無法有實際收益，加上很多聽眾確實接受了「不那麼精緻用心」的節目，讓主持人覺得「這樣就夠了」，因此不願意或沒想過投入更多時間做前期準備或精心後製。

曾有學員問我，有些節目感覺品質很差，但點閱率很高，這又該如何解釋呢？那就要看你主持哪類節目？是否本來就有廣大的粉絲基礎？或本身具有聲音的群眾魅力。搞笑、綜藝類節目，聽眾包容度相對大，大家想感受的是「氛圍」，那麼吵鬧喧譁說不定聽眾反而覺得釋放壓力。如果是美學、財經、歷史人文等知識類的節目，聽眾對內容的品質要求會比較高，必須思考自己是否能做到更有質感的內容產出，好留住聽眾的耳朵。

很多Podcaster會事先寫好稿子，或準備一些資料，這樣很棒，由於不是每個人習慣對著麥克風說話，從文字轉換到口語表達上，聲調、語氣、咬字很容易變得不自然，明顯聽得出來在「念稿」。分享一個小撇步，不妨在錄音時，隨時想像有個說話對象，講起話來會自然許多。

若想提升訪談及提問能力，建議多和他人聊天交流，訓練自己可以隨時開啟話題、引導話題。像我很喜愛旅行，旅途中會找機會跟陌生人聊天，這也是很好的對話練習。就算不出國，日常生活裡跟同事家人、巷口賣麵的伯伯、咖啡館老闆都可以交談幾句，讓整個城市都是你的「口語練習小教室」。

這樣講或許有點老古板，但我想誠心提醒所有產製內容的工作者，保有「媒體傳播者」的社會責任意識，當「意圖」不一樣，你的節目內容和訪題設計，包括所選的主題和挑選要哪些資料，甚至聲調表情，都會有不一樣的品質。或許你覺得背負社會責任太嚴肅沉重，「我只是想做個Podcast玩玩，需要承擔這些壓力嗎？」至少你可以思考自己是想陪伴療癒他人？還是作為某些知識傳遞的橋梁？想開Podcast節目，一定是有什麼想法想與其他人分享，那麼以盡量認真的心態，做出悅耳的節目，這是對支持你的閱聽大眾最實際的回饋與負責，用具體行動，感謝他們在巨大的媒體洪流中，找到了你。

今年五月，《民視異言堂》節目也針對Podcast製作「耳朵新經濟」單元主題，採訪我關於傳統廣播媒體和Podcast的異同，還有口條呈現部分，他們也採訪了其他口語表達專家和幾位Podcaster有關目前Podcast的法律規範問題。

記者敬柔和攝影師驛翔很認真採訪了我兩次，為了讓訪談畫面「更有質感」，我特地詢問「文化財旅館。OrigInn」民宿主人Harvey，是否有適合的空間可供拍攝？熱情好客的Harvey二話不說，準備舒適優雅的三樓房間供我們使用，我們就在傳統與現代交會的大稻埕，在這間曾被LV收錄在它們的城市指南的風格旅宿完成這段採訪。第一次見到敬柔，覺得她更像是美妝部落客，漂亮活潑，很有少女感，工作過程彷彿度假般愉快。

無論傳統和現代，新與舊，過去與未來，人與人交流的核心精神始終未變，那就是人們渴望陪伴、被理解、被聽見、有貢獻，有成長的滿足感，也希望自己身心是舒服健康的狀態。若你的Podcast（或其他媒體內容）能夠符合越多這樣的條件，相信那會是一個很值得閱聽的好媒體。

感謝這兩家媒體的採訪報導，以及過去到現在所有採訪過我的媒體朋友們，在有限時間內，能分享的想法仍有侷限與不足，除了演講授課、撰文寫書，透過每次受訪機會，慢慢向大眾介紹口語表達的多種樣貌和可學習的方向，是一件很有意思的事，我也持續修練自己，期許能隨著時代繼續成長進化。

最後，我想分享驛翔在採訪之後，在個人社群平台對我的幾段形容，當作本文的結尾。驛翔是很資深的攝影記者，拍過不少廣告及得獎節目，對社會正義和環保非常有主張和行動力，願我們都善用媒體和自己的力量，成為讓世界更好的引子。

今天遇見一位老師——潘月琪，是少數遇見說話很有「質感」，同時又博學多聞，又似乎很懂得看人，甚至到了能夠心理分析的程度。聽她說話，彷彿整個空間成了世界最舒適的環境，與她對談，真是件很舒服的事。

她說：「我發現我們都一樣，內在住著一個嚴肅的靈魂。」總想著say something or do something.

這世界有太多太多值得我們關心的事，也有太多太多荒誕值得我們去討論。

「但願我們能成為引子。」

CHAPTER 4

自我叩問

用正向清晰的提問，開啟新的一天

「當你仔細思量，就會發現慶祝的機會俯拾皆是，每個嶄新的一天都可以是慶祝的理由。」

——退休心理諮商師及教授史蒂芬・法莫博士（Steven D. Farmer）

知名喜劇演員、編劇暨作家班傑明・約瑟夫・諾瓦（B. J. Novak）接受訪問時曾說，他通常會在一天的開始，用一些方法「開啟」好心情，藉以激發靈感，包括走路、聽音樂、喝特大杯星巴克黑咖啡邊讀報紙。有時候需要好幾小時「繆思女神」才會降臨，但他認為非常值得。

這位以電視劇《辦公室瘋雲》（你沒看錯，就是這個「瘋」！）聞名的創意人，推薦大家閱讀梅森・柯瑞（Mason Currey）的《創作者的日常生活》，理由很有趣：「看到每個人都有自己的一套系統，而且不一定能執行得很好，還真是讓人滿安心的。」

讀到這段話我笑出來，深表認同。剛好我有這本書，還買了作者的另一本《她們的創作日常》，兩本加起來，把古今中外超過三百位傑出創作者的日常生活攤在讀者面前。其中有不少「很難鼓勵大家照著做，也不一定辦得到」的生活習慣，像是整晚熬夜（不是為了追劇），然後一邊抽煙一邊寫作；或吸食鴉片、嗜酒成癮、灌下大量的濃咖啡。雖然我不會起而效尤，但窺探到那麼多創作者五花八門的日常作息和稀奇古怪的堅持，實在很療癒。

書裡也有許多令我敬佩的工作習慣，常需要向作者催稿的編輯一定很欣賞，比方音樂家貝多芬一起床就先工作，英國小說家安東尼・特羅洛普（Anthony Trollope）每天早上五點半一定坐在書桌前開始筆耕，所以他一生中完成了四十七本小說和十六本其他著作。被譽為「故事聖手」的英國當代劇作家毛姆（William Somerset Maugham）也不遑多讓，活到九十二歲，發表過七十八本書。我只要有他們十分之一的產量就心滿意足了。

再提一位，俄裔美籍小說家及翻譯家弗拉基米爾・納博科夫（Vladimir Nabokov），大家最熟悉他的作品應該是曾被列為禁書、被改編為電影、引發大眾探討「成年男子對未成年少女產生禁忌愛戀及性慾望」的小說《蘿莉塔》（Lolita）。這位文學大師的四季日常，跟他筆下的人物風格反差很大，請想像以下的生活畫面：

寒冷的冬季早晨，七點左右醒來，喚醒他的「鬧鐘」是一隻黃嘴山鴉，每天會飛到陽台鳴唱。醒來時，他先在床上想好今天要做哪些事，八點依序修臉、吃早餐、冥想、沐浴，然後一直工作到午餐時間。午飯前，先跟太太在湖畔散一會兒步，下午一點半繼續工作到六點半，接著漫步到書報攤買報紙。晚餐是七點鐘，晚上不排工作，九點上床，閱讀到十一點半。唯一需要改善的是失眠障礙，大概會在床上翻來覆去到凌晨一點左右才睡著。建議他在睡前也冥想一下，對失眠很有幫助。

夏天的生活更令人嫉妒了，他會在草地上晒日光浴、暢飲啤酒、在阿爾卑斯山追逐蝴蝶，還有健行十五英里以上。

瀏覽完書中人物的生活片羽，約略總結，散步、運動、閱讀、聽音樂、冥想、善用早晨時光，大概是優秀創作者們的「最大公約數」，你可以放心選擇其中幾項，或是全部，納入一天的作息安排。

那麼，我的日常生活儀式又是如何呢？尤其是晨間時光，讓我喝口茶，稍微梳理歸納一下。

年輕時的我非常喜歡賴床，誰不愛呢？柔軟的床鋪加上蓬鬆的棉被彷彿是「天堂」的代名詞，讓人深陷其中，久久不捨離開。近期我才終於養成幾個晨間新習慣，其中包括問自己三個問題，以開啟全新的一天，賴在被窩的情況大幅減少。

我早上醒來通常是七點左右，趁腦袋和身體尚未完全甦醒那幾分鐘，我會繼續閉著眼睛，躺在床上，快速回想前一晚（嚴格說來應該是清晨）的夢。我對夢境代表的意義十分感興趣，根據過往經驗，通常印象特別深刻的情節畫面，幾乎跟最近在意的人物事件或尚未解決的問題有關。而某些故人身影，偶爾也會造訪夢中。憑藉醒來當下的直覺感受，我會為夢境做些解析，再側身拿起床邊的手機，快速記錄重點。

手寫會更好，不過有時過了一陣子，我會看不懂自己的筆跡，乾脆用手機記錄比較省事，等哪天需要回顧夢境脈絡，檢索方便也清楚好讀。這是我的方式，如果你喜歡紙筆的溫度，自然再好不過，我舉雙手贊成。

做完筆記，我會躺回床上，重新閉上眼睛，舒展一下身體，在心裡默問自己第一個問題：

「我要用什麼心情過這一天？」

有句話說，開心是一天，不開心也是一天，何不選擇開心過日子呢？這話很有道理，因此我的回答永遠是：「我要選擇開心喜悅過這一天。」

起身後，先喝一杯溫開水，巡視一下家裡，掃掃地、燒開水、把前天洗好的碗盤收進抽屜裡、看看窗台的盆栽需不需要澆水，順便跟植物說早安。因為不是每天都心情開朗，有時候起床胸口悶悶的，所以我特別喜歡早上整理家務，尤其夏天特別明亮，把房子弄得整潔乾淨，感覺整個人也充滿希望。

掃灑走動過程中，對我是一種「動中禪」，也是一種暖身，此時，我會問自己第二個問題：

「今天我需要做哪些事？」腦中迅速盤點近期工作任務和待辦清單，挑出三到五件寫在白板上。

正式工作前，我會做二十分鐘左右的瑜伽或有氧運動，靜坐冥想十分鐘，然後問自己第三個問題：

「今天我想祝福誰？」

祝福自己一整天都能順利，該做的事可以順利完成，也選一兩位對象，在心裡祝福他們。我習慣先點名家人，親愛的媽媽、哥哥、姐姐、姐夫和兩個寶貝外甥，天上的爸爸，再擴及親近的朋友，關係由近而遠。有時會突然浮現很久沒想起或不熟的名字，應該是他們最近遇到什麼事，特別需要祝福吧？我也會把他們一併納入。另外，COVID-19疫情嚴重的這兩年，我會特別在結語補上「祝福疫情能早日消停，大家都能身心平安健康！」之類的句子。

平常我已經講太多話，腦子的念頭也夠雜沓了，這些日常儀式的內心台詞不會太長，尤其早上，我迫不及待想開始新的一天，如果很早需要外出工作，或不小心起床晚了，第三個問題就會在睡前補上。

之後，再去盥洗沐浴，準備早餐。

「今天我需要做哪些事？」

「我要用什麼心情過這一天？」
「今天我想祝福誰？」
這是我每天為自己啟動正向能量，會自問自答的三個問題。另外，有人會在一天之中問自己以下三個問題，我也覺得很棒。
「今天我想放下什麼？」（關於原諒）
「今天我想感謝什麼？」（關於感恩）
「今天我想聚焦什麼？」（關於行動）
問題順序和數量沒關係，只要能讓你有舒服喜悅的感受，升起對生命的熱情，召喚出行動力，都很適合納入日常儀式題庫。
現在就來設計你的晨間自我提問，並從明天開始進行吧！

睡前，溫柔跟自己說晚安

「成與敗，不在擁擠街道的喧囂中，也不在人群的歡呼喝采中，而在於我們自己的內心。」

——美國浪漫主義詩人亨利・華茲華斯・朗費羅（Henry Wadsworth Longfellow）

辛苦了一整天，在闔眼休息前的最後一句話，你是對誰說的呢？愛恨交加的枕邊人？陪伴你十八年的泰迪熊玩偶？手機裡的臉書朋友？你會不會在睡前對自己說說話呢？

夜晚適合按下暫停鍵、放下工作、回首往事，還適合追劇……嗯，最後這項提議請自行斟酌使用。撇開視力問題，晚上看劇特別愜意，我想起一部很療癒人心的韓劇，二〇一四年播出的《沒關係，是愛情啊！》，劇中男主角張宰烈（趙寅成飾演）是一位風流倜儻的人氣作家及電台主持人，在不羈的外表下，他有段不為人知的過去，其實他曾經被家暴，罹患自己原來並不知道的精神疾病。女主角池海秀

（孔孝真飾演）是美麗幹練、個性直率的精神科醫生，因童年親睹母親跟外遇對象接吻，因而對男女之間的親密接觸產生排斥恐懼。

劇情留待你慢慢品味，請容我分享最被觸動的片段。那是最後一集，男主角為了自己和所愛的人，發揮堅強的信念和意志力，配合專業治療，終於恢復身心健康。某天，他受邀回到以前主持過的電台擔任節目嘉賓，節目尾聲，主持人請他對聽眾說幾句問候的話，因為過去每集節目結束前，他都會這麼做。

男主角微笑答應，感性地說：「今天的晚安問候，不是對大家說，我想對自己說。這段日子以來，我總是問候別人：『還好嗎？』並且向他們說了無數次晚安，但我卻從來不曾真正對自己說過。各位今天晚上，也不要對別人，而是對自己問候一句：『你真的沒事嗎？』並且說一聲溫暖的『晚安』。那麼今晚也一樣，晚安！張宰烈。」

重拾主持工作的他，一改過去驕傲自負、挑剔機車的行事風格，變得更加溫暖開朗，也一定會在節目尾聲對自己、也對聽眾說一句：「晚安！張宰烈。」

對大多數人來說，只有睡覺的時候，才是完全屬於自己的時間。趁睡前短暫的珍貴時光，溫柔關心自己，感謝今天所有際遇，感謝自己那麼用心過生活，感謝他人給予的幫助，感謝世界平安，地球如常運轉。

不知有沒有人採取日本三本玄峰法師的做法？他是當年促成日本結束太平洋戰爭的幕後關鍵人物之一，他曾建議大家利用睡前回顧一天發生的事，省思自己的行為，比方對某人說過什麼話、做過什麼事，如果有傷害到對方，可以在被窩裡好好在心中向對方道歉，如此心情就會得到平靜。這是很「精進」的日常修練，我也十分推崇，但倘若當天發生的事情比較嚴重，可能會在反省的時候，重新陷入白天的負面情緒。另外，這樣的做法需要花比較長的時間跟自我對話，因此，當我看到《沒關係！是愛情啊！》劇中男主角的做法，覺得更平易近人，越容易做到的事，越能變成生活習慣，於是，我融合張宰烈的做法，以及近年學習的「正念」（mindfulness）練習，微調成適合自己的版本，大致是這樣做的：

躺在床上，輕閉雙眼，慢慢做幾個深呼吸，吸氣，吐氣，吸氣，吐氣，吸氣，吐氣……放鬆頭頂，放鬆臉部的肌肉，尤其是緊皺的眉頭，以及嘴角緊繃的肌肉。感受身體從頭部、肩膀、後背、腰、臀、大腿、小腿到腳跟（思緒比較紛亂的人，順序可以從腳到頭），還有上臂、小臂到十根手指，安穩地沉入柔軟的床鋪。

接著，在心裡對自己說：「親愛的主，親愛的守護天使，謝謝祢們讓我順利度過這一天，感謝所有幫助我、對我好的人，祝福我的家人、我關心的朋友，祝福所有人都平安。月琪，今天辛苦了，今天妳已經做得夠好了，所有沒完成的事情，明天再繼續，現在先安心睡覺。晚安！」

睡前的祝禱詞，會隨當天心情和事件有些變化，目的是放下白天的負累，定錨在此刻休息的所在，也「暗示」忙了一天的理性意識放鬆。每當我這樣做，那天晚上會睡得特別好，並且對明日充滿希望。

如果你發現有時候還沒做幾個深呼吸，就沉沉睡著了，那也非常好，記得聆聽身體的聲音。

補充一點，我其實沒有特定宗教信仰，但我很喜歡「親愛的主，親愛的守護天使」這樣的開場白，如果你有自己的信仰，想呼喚親愛的媽祖、大天使麥可、聖母瑪利亞或觀世音菩薩，當然都很好，我想所有神明都會很高興你記得祂們，會很樂意照顧地球上的子民。

一生之中，我們都有需要面對的難題和某些不願放棄的執著，也或許曾有千瘡百孔、外人毫不知曉的幽暗角落。言語有強大的療癒及修復力量，近年我倡導「言語的溫柔力量，是送給自己和他人最美的禮物」，別忘記送給他人這份禮物，更要把最暖的言語送給自己。

日日夜夜，四季流轉，好好與自己對話，相信你我的心靈會越來越輕盈，過上更喜歡的生活。

可以時常問自己的三十三個問題

「我一直在思索自己是誰？我的定位是什麼？我認為全世界七十億人都有同樣的想法。」

——知名大提琴家馬友友（Yo-Yo Ma）

全球百大思想家史蒂芬·平克（Steven Pinker）在接受專訪時，對方問他感到超載或無法專注時，會怎麼做？他說其中一個較深層的方法，是去思考「六個月後、一年後、五年後，什麼樣的事情對我而言是重要的？在我人生的優先順序中，哪個是必要的？哪個是可有可無？」

隨時自我提問，可以保持跟人生目標、理念價值觀及身心的深層連結。以下是這些年我認為很受用、會不時問自己的問題，歡迎你建立自己的「題庫」，或微調其中的題目，成為你專屬的自我叩問題庫。說出來或寫下來都很好，若想增進口語表達能力，不妨把回答錄音下來，日後再重聽一次，會像「時光膠囊」一般，充滿驚喜。回答的長短不重要，重點在於提出問題後的思索，以及陳述過程。

想要多點變化，可以把這些問題製作成「幸運籤」，放在漂亮的小盒子裡，每天隨意抽幾題來作答。

今天就先任選三題來問問自己吧！

1. 現在我的身體狀態如何？有沒有哪裡歪斜或緊繃？
2. 今天我吃了哪些東西？吃進去的食物，讓我感到活力充沛嗎？
3. 我最想改善什麼生活習慣？
4. 我該如何改善過度使用數位媒體平台的時間？
5. 做哪些事會讓我忘記手機的存在？
6. 今天我身上穿搭的服裝飾品，符合我的心情和想呈現的形象嗎？
7. 接下來我想說的話，真的有必要說出口嗎？
8. 做哪些小事讓我感到快樂和平靜？
9. 當我感到身心耗竭、情緒低落，從事哪些活動可以令我再度振奮起來？
10. 哪些活動是我曾經喜歡、現在已經不那麼喜歡，卻還是常常進行？如何減少或刪除這些活動？

11. 我做這件事（或這個選擇）背後真正的意圖是什麼？

12. 我在害怕什麼？

13. 我有好好專注聆聽家人說話嗎？

14. 今天我是否有好好善用時間，把最多時間花在哪裡？是否虛擲了光陰？

15. 目前我所選擇的職業角色，能帶給我身心的安適、快樂、滿足嗎？十年後我依然想做這件事、在目前這個角色裡嗎？

16. 面對重要決定時，我非得現在做決定嗎？現在做決定合適嗎？

17. 如果不需要擔憂經濟問題，我會選擇做什麼工作？進修什麼課程？

18. 我最常對什麼人妥協？為哪些事情、在什麼情境下妥協？我可以如何改善這狀況？

19. 哪些活動我再忙再累也一定參加？

20. 有哪些至今仍然在意、而當初沒有向對方好好表達的重要事件？如果是現在的我會採取什麼不同的做法？會怎麼說？

21. 我能為地球永續（環境）做些什麼事？為此，我願意做哪些改變？調整哪些生活方式？

22. 環顧目前居住的空間，有哪些物品我不再喜歡？可以把它們做其他處理嗎？（捐贈給需要的單位、送給朋友、自己動手改造一番……）

23. 今天我想對誰送上祝福？

24. 我答應的工作任務，能不能讓我多學習一些新技能和新觀念？

25. 我做哪些事最常獲得他人讚美肯定？

26. 有哪些事情是我一直惦記而一直沒做的？我什麼時候可以去完成它？

27. 今天我有對家人和重視的人表達感謝和關心嗎？

28. 幻想五年後的我，正在哪裡跟什麼人過著什麼樣的生活？而這生活是我嚮往的嗎？我目前選擇的工作、活動、常接觸的朋友，有辦法幫助我離這理想更靠近嗎？

29. 閉上眼睛，想像我二十年後才又張開眼睛，這時候，我希望眼前的世界是什麼樣子？看到什麼人我會很開心？

30. 我希望死後如何被記住？
31. 我以前對自己的期許跟現在有什麼落差？
32. 如果有天堂，我希望那是什麼模樣？裡面有什麼？
33. 如果還有來世，我願意再過一次今生的生活嗎？

以上哪些問題，特別觸動你的心呢？或勾起你很久沒憶起的往事。英國管理思想大師韓第（Charles Handy）的太太伊麗莎白是一名專業人像攝影師，我也很喜歡她的做法，她會請拍攝對象選五件物品和一朵花，代表自己的人生，然後要求他們把這些東西擺設在桌子上讓她拍照。你也可以做做看，在思考的過程中，會幫助你再次釐清哪些人事物最符合目前的人生價值觀，你真正想要過什麼樣的生活。當然這不需要每天做一遍，選擇一年當中幾個特殊的節日來完成，格外具有意義，比方除夕、元旦、生日、農曆四大節氣（春分、夏至、秋分、冬至），做完之後，感覺又是新的開始，對接下來的生活會更加清晰。如果你拍了照片，想出很喜歡的答案，也歡迎來信與我分享。

所有對自己的提問，都是接近「真實的自己」以及幸福人生的重要線索。你的答案透露你目前的需求與對未來的期待，請真誠回答，誠實面對內心浮現的直覺答案，永遠，可以把自我叩問潛得再深一點，再深一點。

面對「疫情時代」，WFH的自我省思

「我們的修習，就是停止奔波，覺察當下生命中所有美好的事物。」

——當代佛教宗師 一行禪師

從未想過，距離去年出版《質感說話課》才一年半，全球COVID-19確診病例已超過兩億，而台灣這個「防疫優等生」從今年五月十一日開始，確診人數逐日增加，五月十五日破百例，台北市及新北市升級為三級防疫警戒，五月十九日更擴大變成全國三級警戒，截至九月確診人數超過一萬六千人。猝不及防下，大家倉促展開居家防疫生活，也不得不迎接變化，適應「Work From Home」（簡稱WFH，被《牛津英語字典》列為二〇二〇年度熱詞之一）的新工作形態。

清楚記得，發佈警戒前我教的最後一堂課，是到輔大附近的「天主教台灣總修院」分享「質感溝通」主題。他們難得邀請「非天主教徒」的講者，也初步嘗試把

「口語表達」納入這群年輕修士們的學習養分。這些未來要成為神父的修士幾乎都是原住民，上課超級認真，休息空檔會與我分享部落文化和處境，甚至有人講到潸然落淚。

邀我授課的盧神父是韓國人，院長方立天神父來自法國，來台超過八年。我很敬佩到異鄉生活與傳播良善信仰的人，為了消弭隔閡，融入當地文化，兩位外國神父練就了極佳的中文表達能力，院長得知我很喜歡法國，還去過他的家鄉里昂（Lyon），欣喜之情溢於言表，他遺憾地說，法國疫情嚴重，他很久沒有回去了，不知何時可以回家鄉看看。

到了課程尾聲，其中一位修士害羞又略微激動地舉手：「老師，剛剛妳提到人們對話的目的，最後一項是為了促成『共好』，我聽了很有共鳴，哎呀！我無法解釋，總之就是心裡很感動。」這位修士聲調微微顫抖，我也很被觸動。這群眼神乾淨清澈的年輕人，從青春時期便確定將此生奉獻給天父與信仰，做這項決定前，都跟家人歷經了一番辛苦的溝通過程。

聊過才知道，要當一名神父，所需要學習的知識和修養超乎我想像地精實，進修大量課程、經常小組討論深刻的靈性話題，也有定期「僻靜」的自省時間。因為常到部落鄉里傳福音，對象男女老少都有，教育程度不一，修士和神父們的溝通能力和情商即使年紀輕輕已頗有磨練，所以我兩次去分享，感動與回饋更勝於我的小小付出。

課程結束後，滿心喜悅接過他們送的手寫卡片，還有幾張印著福音字句的明信片，其中一張印著教宗方濟各在第三十二屆「世界青年日」的文告：「你們要當自己人生歷史的主角，決定自己的未來！」等我離開總修院看了一眼手機，才知道二級防疫警戒開始了！

世界變動太快，許多人不敢想像未來，但我們確實站在人類歷史上很重要的交叉點。交錯著複雜奧祕的宇宙網絡當中，每個人都是絲線，都是身為自己人生歷史、也影響人類發展的主角。疫情發生這兩年，我最想知道的是，它要帶給全體人類什麼樣的提醒？有哪些事情是從很久之前開始「走偏了」，導致現在的景況？做哪些事情讓世界再度健康運轉？不一定恢復「舊有」的生活秩序，而是重建「共好」的生活方式。

總之，我也跟大家一樣，從五月中旬開始，過起了ＷＦＨ的宅居生活，平均十天到兩周出門採買民生必需品，回家第一件事就是徹底消毒物品和自己。

這輩子頭一回每天自己煮，連續兩個多月不間斷，除了網購「精神食糧」（書籍），我沒有叫過任何一次外送或外賣，其實是想做個實驗，觀察餐餐自己煮食對健康的影響，還有不想增加運送過程造成的碳足跡和外送帶來的包裝負擔。這是我個人的選擇，每個人有自己的現況考量，叫外賣外送可以支持餐廳店家，帶動產業活絡，也是很好的舉動，環保與經濟發展向來兼顧不易，在辛苦的防疫期間，先安頓好自己和家人的身心狀態，再看哪些舉措可以對環境友善一點，那樣便好。

經過兩個多月，發生在我身上的變化很顯著，體重少了兩公斤，腰圍瘦了兩吋，ＢＭＩ（身體質量指數）和「體年齡」下降了一點。由於每天跟著線上影片做瑜伽和有氧運動，跳繩幾百下，心肺能力也進步了。

當然很懷念想出門就出門的自由，至少欣慰這段期間廚藝長進，延宕的書稿進度「後來居上」，家裡整理得煥然如新，就像是下一刻總統會來一樣。

對大家最直接的影響，應該是工作場域轉變，跟家人同在一個屋簷下的時間更長了。WFH直接影響與他人的對話方式和心情，比方平常可以在辦公室茶水間喝咖啡聊是非的同事朋友，如今只能透過視訊見面，咖啡都不香了。

居家防疫期間，感謝各領域專家推出各種免費線上課程和講座，陪伴大家安頓身心，充實自我。像雲門教室推出一系列身體律動的免費直播課程，其中連續兩周的每天早上九點到九點半，我會隔著電腦一起律動身體，打頭陣的記嘉老師，嬌小又充滿活力，她「超前部署」自學了不少錄影及後製剪輯能力，遇到疫情升溫，所學技能剛好派上用場，每天都用朝氣蓬勃的聲音帶領大家動身體迎接早晨。

我跟記嘉老師上過三年課，後來成為很好的朋友，她是第一位被雲門教室派駐到蘇州開疆闢土的資深教學老師，擔任雲門教室蘇州館的館長多年，我兩次造訪蘇州，受到她無微不至的照顧，怕我冷到餓著，不斷帶我品嘗當地美食。如果把她畫進繪本，我會把她畫成一顆明亮溫暖的小太陽，或雙腳不斷蹦蹦跳、但又能立刻沉靜下來的小女孩。

由於線上直播教學對雲門教室也是初嘗試，於是每次早上律動結束後，我會快速用 Line 語音留言給她，感謝她的教學，也快速分享上課心得，提供「使用者經驗」。她若有空檔，也會與我分享一些課程設計上的思索，我們用這樣的方式每天交流幾分鐘，雖然暫時無法見面，依然覺得很親近。

某天早上，記嘉老師的課程主題是「平衡」，她甜美笑說：「大家以為平衡就是在一個『點』上完全靜止不動，其實平衡是在Ａ點和Ｂ點兩端之間，隨時微調身體的重心，找到一個最穩的姿勢。」當下我正抬起左腳，雙臂如老鷹展翅，感受身體各部位的彼此牽引，聽到這段話非常有感覺，我想大家對於疫情帶來的生活改變之所以那麼不舒服，是因為暫時失去慣常的生活方式，也擔憂未來的經濟狀況。原本工作和生活、人我之間在多年的摸索調整下，已形成某種「平衡」與習慣，而在不得不ＷＦＨ的情況下，這種平衡被打亂了，因此產生諸多抗拒與不甘。

心理學有句話說，造成壓力不是「事件」本身，而是我們對該事件的「詮釋」與「反應」。如果能重新找到工作和家庭、自己與周圍人事物的相處方式，也就是新的平衡與重心，就不會感到如此難受和恐慌。

疫情發生的這兩年，因為人類某些活動暫時消停，交通運輸及人潮聚集所帶來的聲音和汙染干擾大幅降低，許多生物反而樂活得很，生育率也大為提升。我發現對絕大多數人的人來說，靜下來很困難，永遠都在「動」，感覺不做些什麼，就擔心被時代洪流沖走。比方這段時間，線上課程更多了，很多人開了直播節目和遠距課程，有人大量網購美食，還有線上血拼，似乎要安撫那份被困在家裡躁動的情緒。看到朋友們在臉書發文更頻繁了，渴望與外界連結的心，透過一篇篇文章，明顯地顯示出來。

如果想要找到新的平衡之道，必須給自己時間和空間去思考，哪些是現階段自己所重視的事，哪些是「真正」想做的事。

以《享受吧！一個人旅行》小說成名的作家伊莉莎白・吉兒伯特（Elizabeth Gilbert）曾說：「你必須在生活中、在平靜的日子裡找到一個小小的角落，在那個角落妳可以問自己關於人生迫切而重要的問題。像是：我是誰？我來自哪裡？我要往哪裡去？我來這裡的目的為何？為此，你必須找到一個神聖的安寧時刻展開這趟旅程。這是每個人都做得到的。」

在居家防疫期間，我曾思考以下問題：

● 今天我想做什麼料理？

- 今天我想關心誰？
- 今天我想做哪些運動？想做多久？（傾聽身體的聲音）
- 今天我想整理家裡哪些空間？（盤點家中現有物品、食材、乾糧，很多人不自覺遇到特價就採購，很可能沒注意到有些東西重複了，比方為什麼家裡需要五把指甲剪，或三個開瓶器呢？）
- 今天我想閱讀哪些書？
- 今天我想看哪些影音節目？
- 我想趁這次「短期閉關」，重新建立或改善哪些習慣？
- 我可否每周選出一天，不看社交媒體和新聞？
- 減少看新聞和社交媒體的話，我可以從事哪些具有「創造性」的活動？
- 我真的那麼想要每天出門嗎？
- 我那些曾有的身體舊傷，可以透過哪些居家鍛鍊，獲得更好的休養改善？
- 如果疫情持續，我可以做哪些工作上的調整或轉彎？
- 我真正想過的是什麼樣的生活？（判斷的標準是，當你想像理想中的生活，你的「感受」會是舒服喜悅平靜的。）

- 如何珍惜資源、友善環境，讓不只COVID-19，而是其他疫情未來也不要發生。（雖然在演化歷程中，專家解釋病毒對於人類的演化也幫上了忙。）

剛好防疫警戒期間，也是這本書進入最後衝刺階段，我很快接受五到七月課程全部取消的事實，順水推舟把這兩個多月定為深度寫作的「閉關期」，結果這兩個月所產出的文字質量，勝過半年的總和，《深度工作力》（Deep Work）作者卡爾・紐波特（Cal Newport）所提倡的深度工作模式果然奏效。我決定未來撰寫每一本書，都預留截稿日前的最後一到兩個月作為深度寫作閉關期，以開創更多內在對話的空間。

我也覺察到，儘管每天只保持最低限度的外界聯繫，我的心情仍會被擾動。此時，這些年學習的正念（mindfulness）練習發揮了效果。當我煩躁不安，除了用毛巾擦把臉，重新沖個澡，我會做幾個深呼吸，靜坐十分鐘，或是起身打掃家務，準備下一餐的食材，切切剁剁，把思緒拉回當下此時此刻，心就會安定許多。然後告訴自己，現階段先把書稿寫完，等稿子交出去，再來研究線上課程和直播教學的

「網美燈」該買哪一盞。真正有價值的事，不會因為晚幾周才做而損失些什麼，沒有「搶得先機」沒關係，所以不要慌，照自己的腳步來。

有家庭有小孩的人，無法像我一樣擁有那麼多獨處時間，最大的挑戰應該是家裡常常會被弄亂，獨處的時間更少，每餐苦思要變化什麼菜色，擔憂疫情不知道會延續多久，工作是否會受影響等等。不妨問問自己：「我如何跟同處一個屋簷下的家人室友表達自己的需求，並保持耐心聆聽與應答？」

如果常網購，更值得探索背後的原因，真的需要買那麼多東西嗎？是缺乏安全感，還是想透過消費行為和品嘗美食，來排解不舒服的感受？有沒有其他替代方案可以減少過度的消費行為？

一行禪師說：「我們的修習，就是停止奔波，覺察當下生命中所有美好的事物。」無論是獨居或是與他人同住，是上班族、自營商還是自由工作者？每次遇到人生的「暫停鍵」，都是反思自己「擁有什麼」的重要契機。或許小孩吵吵鬧鬧，玩具不收，很想發怒，是否可以跟他說一個故事，引導他把玩具放在指定的盒子裡。當全家人一起做家事，壓力變少了，便能有餘裕以愉快的心情與耐心與家人互動。我有不少朋友分享他們平常在外工作時間很長，這段ＷＦＨ期間，正好多了很多跟家人多相處的機會，即使有點吵，也覺得很珍惜。

長期以來，人們養成需要大量刺激才覺得「生活有意義」、「實實在在活著」，在ＷＦＨ的日子裡，提醒我們有機會回歸更簡單的生活，更少的聲色刺激，更少的消費，減少無意義的對話與社交，透過細細做每一件小事，多跟自己的內在連結，無論世界如何變化，我們都有能力為自己開創出一片靜謐花園。

在巴黎墓園沉思生死觀

「陰影與光明永遠並列，有了死亡的對照，生命的意義才更昭然若揭。」

——《直覺療癒》、《讓情緒自由》、《臣服的力量》作者茱迪斯・歐洛芙博士（Judith Orloff）

我們努力學習與人建立連結，也在獨處時自我叩問，然而，人生最重要的終極問題之一，便是如何看待生死。

孔子的生死觀是：「未知生，焉知死。」老子的生死觀是：「人之生也柔弱，死也堅強。草木之生也柔脆，死也枯槁。故柔弱者生之徒，堅強者死之徒。」不同聖哲先賢、靈性導師都自有一番體悟詮釋，而每個人必須找出屬於自己的答案，此生方能安身立命，過著內心踏實且深刻的生活。

生命大哉問，適合跟朋友思辨討論，更需要與自我對話，左思右想，還有什麼場地比墓園更適合沉思生命的意義呢？

好吧！教堂、寺院、大自然都挺合適的，邊吃薯條邊沉思也無不可，但我特別想聊聊當年造訪巴黎墓園的人生思索，請包容我小小的任性。

只要到歐洲旅行，我一定會拜訪幾處墓園，其實我怕冷，膽子也小，但歐洲很多墓園乾淨靜謐，選在白天前往，並不令人懼怕，但我還是會在夜幕低垂、天色變暗前離開。

那年重遊巴黎，時值六月，雖然已是夏初，巴黎的氣溫對我還是偏低。聽聞許多名人長眠蒙帕納斯墓園（Cimetière du Montparnasse），我挑了周二清晨，走訪這個諸多文人雅士聚集的所在。

試想，死後葬在一個好地方，隔壁鄰居是「短篇小說之王」莫泊桑（Guy de Maupassant），飄一段路，敲敲存在主義大師沙特（Jean-Paul Sartre）的房門，向他請益上帝是否存在，人活在世間的價值為何？夫妻倆若同葬一處，可能有點麻煩，說不定會為了誰得到弔唁的鮮花比較多而爭吵，甚至看到一名陌生的女子來獻花才發現：「什麼？這死鬼竟瞞著我偷偷養了小老婆！」沒關係，這裡還有法官可斷家務事。

這是真的，蒙帕納斯墓園真有法官葬於此地，名叫Marcel Frapier，與妻子Anne Marie Frapier同葬一處，只是我好奇他們如果吵架，誰敢來主持公平？

「在歐洲的時候，我很喜歡在墓園念詩看書。」以前訪問流浪過無數城市的作家鍾文音如是說，她鍾愛法國女作家莒哈絲（Marguerite Duras），文筆也帶著莒哈絲風格濃烈纏綿的味道。

蒙帕納斯墓園非常寧靜，大清早幾乎沒什麼人，無數墓碑錯落有致，有些方新，有些老舊到連碑上的字跡都模糊難以辨示。上頭有許多小紙條鮮花，乘載生者的無盡思念。

西蒙波娃和沙特的墓碑，在甫進墓園很醒目的地方，兩人生前是伴侶關係，波娃卻主張不結婚、不生育，是女權思維的領航者。一般人只熟知她的作品《第二性》，其實一九八四年的自傳式小說《情人》（The Lover），讓她榮獲法國最崇高的龔固爾文學獎，其他作品也都可證明她並非附庸沙特而成名，她本身就是擲地有聲的存在。

若波娃有權刻下自己碑上的大事紀，一九四七這組數字她肯定不會遺忘。那年，一趟美國之旅，讓她與青年作家艾格林陷入愛河，展開跨國戀曲。為了讓看不懂法文的愛人能夠了解自己的表述，她用心以英文撰寫多達三百多封情書，《Lettres a Nelson Algren》一書可窺其梗概。不過最後與她長相廝守的對象依舊是沙特，其他男人只是生命中的過客。

「我能接受跟另一半以這樣的關係互相依存嗎？」感情觀也是很適合自我叩問的好問題，波娃顯然傾向無論先來後到，愛上就是愛上了，當還有迂迴退縮的空間，反而會質疑「那是真愛嗎？」那麼自己的感情觀又是如何？會不會隨著時光、經歷與所遇到的人有所變化，值得深思。

用什麼心情看墓園，它就會回饋給你什麼。我看到不同姿態的墓碑，提供造訪者很大的想像空間。墓園是生者與過世親友的連結，碑上的文字傳遞了此人一生最重要的特質、身分與信仰，如「我的耶穌」、「一生如勇士般奮力不懈的父親」。密密麻麻的沉睡者姓名、誕生及辭世年分背後，埋藏著一篇篇動人的故事。

緩步前行，實在無法忽視眼前這座雕像，逗趣的立體貓型，彩色磁磚拼貼，胸前以紅色排列出一朵綻放大花，肚皮下方大大印著死者名字，矗立在灰色調的墓園裡顯得格外突兀搶眼。像是準備大考的教室，突然有位穿著普普藝術風格的同學闖入教室說：「讀書太無聊了，瞧窗外多有趣，我們來玩耍吧！」

「獻給我們那位英年早逝、和善、帥氣且偉大的朋友——Ricardo」雕像前方的墓碑是這麼寫的。

想起一位極有音樂才華的前同事，多年前，他選擇在農曆年假結束當天，給自己放了一段永遠看不到未來風景的長假。他的一生，從此凝結在二十四歲。他的假期，沒有風和日麗，天空落下許多人的淚。他曾在網路上發表一些音樂創作，我很喜歡，後來電台幫他出了一張紀念專輯，我主動請纓幫忙撰寫專輯文案，也在部落格分享。輾轉聽聞他的家人很感動，欣慰有人記得孩子的才華，我也慶幸自己從未因為同事是新人而忽視對方，在他在世時，在電台偶遇時會主動關心，跟他聊聊天，希望當時有帶給他一點溫暖。我們永遠不知道哪句話鼓勵了誰，溫暖了誰，那麼，就盡量這麼做吧！

有感於同事突然離世，那陣子我跟幾位好友還因此聊了許多生死話題。

「如果有天我死了，有人會想念我嗎？」我問。

「一定會有很多人記得妳啊！」朋友人真好。

「我很擔心沒人記得我，那我死後，來幫我主持告別式好了。」

「應該有很多同事搶著幫妳主持吧？」我笑了。的確，媒體人的婚禮和告別式，最不缺的就是主持人了。

「如果你需要，我來主持，免費！」我霸氣許諾。

當我們知道，即使肉身消失在這世界，還有人記得我們的好，為我們傷心懸念，是很大的安慰。

繼續走著，發現有個墓碑刻的是中文，上頭寫著：「人生須臾，有即是無，無即是有，清風白雲，魂駐善緣間。」

照片上的外國人笑得很開朗，享年五十四歲。

又憶起大學畢業公演，我仗著身材瘦弱、面色蒼白的「優勢」，飾演因絕症早逝的女大學生「白雲清」，多年後的同學會現場，一縷幽魂依舊飄蕩回顧過往，也看著同窗好友的人生變化。

「這女主角名字有涵義的，雲淡風輕，清澈且輕盈，就像她的一生。」

當年的編劇同學是班上公認的才女，留著一頭飄逸長直髮，畢業後當上電視購物台的金牌製作人，每天與收視率和業績廝殺。有次聚會她告訴我：「老實說，做這一行真的賺不少錢，但我後來的覺察是『金錢』與快樂和幸福並不是等號，人生該追求的是，經過這些事情之後，仍然可以雲淡風輕。」

骨子裡我渴望有一處雲淡風輕的角落，當年放棄到電視購物台面試，婉謝了不少人人稱羨的工作邀約，多年來安身在「佛心來著」的藝文媒體工作，擺盪於「非典型媒體人」與文化人之間。現在，我成為推廣質感表達的教育工作者，也常被提醒該再復出主持節目了。對於往後餘生要怎麼善用光陰，發揮所長，助人愛己，還有很多思考和實踐的空間。

打擾人家太久了，「Au revoir !」（法文的「再見」之意）我向這些長眠無聲的陌生人默默致意，輕步走出墓園，外面的天空已經晴朗。

英國當代管理思想大師韓第在他八十六歲時說：「如今我已八十六歲，就統計學而言，應該早已入土，往前的人生可能所剩無幾，但回首過去的人生，還有很多尚待理解之處。」

人事物景，終將告別。選擇放浪形骸，過於激進；選擇冷漠逃避，太過消極。提倡「直覺療癒」（Intuitive Healing）的茱迪斯・歐洛芙博士說：「陰影與光明永遠並列，有了死亡的對照，生命的意義才更昭然若揭。」在有限的歲月裡，拋開有一天再也無法與所愛的家人朋友伴侶牽手擁抱、談笑風生、同桌共餐的眷戀，我們能留下什麼？或許多說一些溫暖人心的言語，創作幾件好作品，用心實踐愛與夢想，在人生的雲淡風輕之中，留一道最美麗的彩虹。

附錄

質感對話的日常練習

「知道」這件事，跟「經驗它」，兩者是不一樣的。看完這本書，如果書中提到一些做法引起你的共鳴或好奇，歡迎你實際做做看。把握一項原則，無論與他人交談，或對自己提問，多帶著好奇與同理心，隨自身狀況和環境做些微調，特別容易做到的練習，應該是你本身已經具備也常使用的習慣，若有哪些練習對你特別「挑戰」，甚至有點不適應，不妨多點耐心，試個幾次，那些違反你慣性反應的口語表達習慣，就是你修練「質感對話」特別需要著墨的重點。漸漸地，把那些讓你自我感覺更好、與他人的關係也更和諧的對話習慣，內化成生活的一部分。

另外，如果因為疫情緣故，必須持續戴口罩，請保持交談的安全距離。衷心期待可以脫下口罩，自由呼吸新鮮空氣，與人放心相擁的那一天。

(一) 環境感知練習

1. 與人對話時，覺察自己和對方的音量大小，跟整個環境是否和諧？（是聲音太小被環境音蓋住？還是整個環境都是你們的聲音？）
2. 如果對方講話音量太大，客氣請對方降低音量，措辭態度不卑不亢。觀察一下自己的感受，會害怕提出請求嗎？在提出建議時，會流露出不悅的語氣嗎？還是可以好好陳述，聲調和緩？

(二) 深度聆聽練習（基礎版）

這個練習可以每天做，一開始每天選定一位對象即可，對方可以是家人、朋友、同事、主管、客戶。最終目標是隨時隨地、面對任何人都能專注聆聽。

1. 對方在說話時，不要看手機和手錶，不要打斷對方，不要馬上給意見，不去想待會要吃什麼，就只是專注聆聽。（可以用眼神或點頭來回應對方，讓對方知道你有在聽）

2. 如果對方是客戶，你們正在開會討論，等對方講完，用簡短扼要的方式，重述剛剛對方講的重點，並且詢問自己的理解是否正確。

3. 在聆聽過程中，如果發現自己開始恍神，思緒開始飄走，就溫和地把注意力再次帶回對方身上，繼續聆聽。

4. 等對方講到一個段落，自己再講。盡量不讓兩人的聲音「疊」在一起。

5. 等全部交談結束，回頭反思在剛剛的對話中，自己是否有想要馬上給意見、辯駁的衝動？是否當對方講話時，腦海就已經在構思待會要怎麼回應對方，以至於漏掉對方講的部分內容？

6. 反思當自己做第二個步驟時，有什麼情緒感受？（有些人對於無法馬上插話，會感到很焦躁）

7. 反思當自己專心聽對方說話，對這次的交談品質有沒有什麼影響？

（三）深度聆聽練習（升級版）

平常我們與人交談當然不會設定鬧鐘，除非是按時計費的心理師和職涯顧問，以下這個練習是「刻意為之」，最好找跟你一樣想提升聆聽及溝通品質的朋友一起練習。

如果你看過我的另一本書《質感說話課》，裡面也有這個練習，這個版本是「升級版」，把聆聽對方說話的時間還有聽完複述的時間拉長。因為很多時候對話的時間不會只有幾分鐘，若只交談幾分鐘，要專心比較沒有那麼困難，但時間一久，分心的情況會很嚴重，因此先從短時間的聆聽練習開始，等專注力越來越好，再延長變成十分鐘、十五分鐘，以此類推，看自己的「專注聆聽的肌肉」有沒有越來越強壯？

1. 兩人一組，手機鬧鈴或鬧鐘設定六分鐘，A在六分鐘內，跟B說一件工作或生活上的煩惱，或不愉快的事件。這六分鐘之內，B只需聆聽，不要給意見，不要發出聲音，不用拿紙筆或手機記錄對方說了什麼，也把肢體語言降到最少，就只是專心聆聽。（可以用眼神或點頭來回應對方）
2. 聽完A的敘述，接著B用3分鐘時間，重述剛剛所聽到的內容，無論B講得對不對，A請不要當場反駁或更正。

3. 接下來兩人角色互換，換成B對A說一件工作或生活上的煩惱，或不愉快的事件。A只需聆聽，不要給意見，不要發出聲音，不用拿紙筆或手機記錄對方說了什麼，肢體語言降到最少，就只是專心聆聽。（可以用眼神或點頭來回應對方）

4. 聽完B的敘述，接著A用3分鐘時間，重述剛剛所聽到的內容，無論A講得對不對，B請不要當場反駁或更正。

5. 等雙方都輪流扮演完「陳述者」與「傾聽者」，再彼此分享剛剛練習的感受與發現，也回饋自己發現對方有哪些說話習慣和肢體慣性反應。

如果想要精準，可以設定手機鬧鈴或鬧鐘，如果希望輕鬆練習，那就不用設定時間，重點是觀察自己在聆聽對方說話時，自己的思緒和慣性反應，會不會有打岔、馬上想提出自己建議的習慣。

（四）訪題設計練習

無論你是不是媒體人，都可以常做這樣的練習，以後遇到任何人，也較能輕鬆開啟話題。

1. 選擇一位想採訪的對象，古今中外人士都可以，列出十個想訪問對方的問題。擬訪題前，先花點時間做功課，查詢該人物的資料背景和報導，再開始列題目。

2. 接下來，假設你能訪問對方的時間有限，請從上述列出的十個問題刪掉其中五個。重新檢視這些保留下來的題目是不是你真正想問對方的內容。

3. 從剩下的五個題目，再刪除兩個。思考一下，為什麼最後想保留這三道題目？

就跟「如果房子失火了，你只能帶三樣東西離開，你會選擇哪三樣？」是類似的道理，擬大量題目不是太難的事，然而選擇你真心覺得重要的問題來發問，對話品質會更高。

（五）訪談親友練習

1. 選擇一位你想訪問的家人或朋友，列出五個想訪問對方的問題。

2. 訪談過程中，盡量少看稿子，問話方式越自然越好。對話過程中，如果臨時想到其他問題，就順流而行。注意對方說到哪些故事的神情特別有光彩，或情緒特別飽滿，多在那些故事停留一下，並往下追問。

3. 如果有時間，把以上特別精彩的故事和感受記錄下來，日後會是很珍貴的回憶。

（六）戶外散步聚會練習

1. 邀請一位朋友和你一起外出散步聚會，邊走邊聊的過程中，覺察自己的內心變化。
2. 邊走邊聊的過程中，也留心周遭環境，你觀察到了什麼？
3. 聚會結束後，回顧你們都聊了哪些話題？這次聚會讓你滿足喜悅嗎？跟過往在室內與朋友聚會，有什麼不同？

（七）設計你的早晨問候語及睡前祝禱詞

1. 早晨醒來和睡前，非常適合與自己對話。請設計你每天早晨醒來，會想問自己的三個問題，以及可以幫助自己提振精神的問候語。

2. 設計你每日睡前的祝禱詞，句子不用太長。

3. 先連續執行一個禮拜，看看自己的睡眠品質和心理感受有何變化。問候語可以視情況調整。

後記&致謝

大文豪海明威說：「寫作沒什麼困難，你要做的只是坐下來打字和淌血。」

接近完稿的最後一哩路，台灣正處於三級防疫警戒期，我像是安住在盆栽裡努力綻放一點綠意、也努力吸取新鮮空氣的草葉，坐在老公寓的小書房，熬煮著《質感對話課》的一字一句。

想起還能自由外出散步的去年夏天，那時候《質感說話課》剛出版不久，獲得出乎我意外的迴響，很感謝這些幸運與愛護。某天晚上，我回到喜歡的台大校園散步，一路從大門口慢慢前行，邊走邊思索一些事情，夜晚的空氣很清新舒服，像在歐洲旅行時，吸進鼻腔內盡是沁涼。

走著走著，好長一列學生隊伍邊高歌邊走路，充滿青春氣息，戴著斗笠騎著腳踏車的歐吉桑悠哉路過。還有椰子樹旁的草地上，趴著一隻可愛的大蝸牛，我繞行了校園兩圈回來，牠好像只移動了非常幽微的一小步。

抬頭看見兩顆星星，往左上方看，又看到三顆，再轉身往後看，又出現兩顆。仔細在不是純然黝黑的夜幕裡找，驚喜發現越來越多閃閃發亮的小光點。不知道你有多久沒看星星了？其實它們一直在那裡，心再靜一些，願意抬頭，就能看見。

寫書期間，重溫了南韓tvN電視台超人氣背包旅行綜藝節目《花漾爺爺——東歐篇》（Grandpas Over Flowers Returns），五位加起來近四百歲的資深演員（節目播出時，平均高齡七十六歲）在製作單位安排下到德國自助旅行，當時七十三歲的演員白一變，最愛「脫隊」慢慢走。問他對旅遊的心態，鏡頭前他憨直笑說：「沒看到的，下次再看；來不及看的，下輩子再看就好，這樣會輕鬆一點。」

「慢慢走就好，走快會累。」很喜歡他這句話，看似慵懶，卻充滿智慧。

我寫書的狀態就很像那隻大家都已經走了好快好遠、自己卻還在自己的小世界裡緩慢爬行的蝸牛。雖然我的書被歸類於「心理勵志」、「職場工作」等類型，其實我是以創作文學作品的心情來寫作，也因此，當看到海明威接受《巴黎評論》採訪時曾說：「《戰地春夢》的結尾，最後一頁，我改了三十九次才滿意。」之所以改了那麼多次，是為了「找到準確的詞」。我深有共鳴，感動也羨慕。

感謝遠流出版社，幫助我把人生經驗付梓成書，姿態優雅地被大家看見。

感謝總編輯春旭，耐心等待我交稿，總是提醒我要多休息，還有協助這本書順利出版的編輯婉華、行銷湘晴與美術編輯瓊瑤。感謝出版社極少更動我的文字，書名也尊重我的提案，保留作者想對大家分享的最原始的話語。

一如往例，最感謝一路上支持我疼愛我的家人，媽媽、哥哥、姐姐、姐夫和兩個寶貝外甥，以及天上的爸爸。

謝謝願意駐足與我交談的所有人們，因為有你們，我得到豐富的心靈滋養和智識的成長，更喜歡這個世界。

衷心感謝百忙之中，願意為此書掛名推薦的永齡基金會執行長劉宥彤，以及特地撥空撰寫推薦序的平珩老師、王琄（琄姐）、季潔，以及嚴守仁大哥，感謝你們在我提出邀請後，二話不說，便慷慨允諾，惠賜佳言。

認識平珩老師好多年，她曾是國家文藝獎得主、在北藝大執教三十年，是台灣舞蹈教育的重要推手，以前我們碰面的場合都在錄音室、兩廳院、城市舞台等藝文場館，無論何時相見，就算只簡單寒暄，都有一種莫名的喜悅。跟平珩老師聊天十分舒服自在，她非常「鬆」，現在還熱情洋溢忙碌著，非常謝謝她在百忙之中，為此書撰寫推薦專文。

嚴守仁大哥是我清大的學長前輩，答應寫推薦序後，沒幾天就收到他的稿件，每天他自律早起，固定在社群平台發文分享生活及閱讀心得，他涉獵知識之廣博精深，對己自律，待人寬和，他讓我對教學和推廣理念有了更多希望。

琄姐（王琄）是大家心目中的「國民媽媽」，而我是琄姐的長年戲迷，在舞台上多變的她，私下接觸交談之後，立刻被她溫暖幽默又有智慧的言談再次「圈粉」。

季潔與我同為資深廣播人，她得過多次廣播金鐘獎，長期關心青少年及技職教育領域，取得博士學位後，目前除了長年在國立教育電台主持，也在大學任教。我們彼此耳聞已久，卻是去年才相見，一聊如故。回想那次錄音，甜美溫婉的笑容同時搭配輕柔的聲音：「月琪姐妳好，我是季潔，終於見到妳了！」馬上讓我忘卻狼狽撐著傘穿越車水馬龍而來，如沐春風。光是開場寒暄、興奮交流一些今昔過往，以及討論在廣播圈認識哪些有交集的朋友，就足以錄兩集節目。當然這些內容沒有錄進去，不然就是一部廣播近代史了。

劉宥彤執行長在我心中是位爽朗俐落又極有活力的女性，她管理鴻海集團旗下數個重要組織，致力慈善，也是三個孩子的媽媽，任何一項任務都是高難度，她卻能時常保持亮麗風采，精神奕奕面對家事國事天下事，並且在溝通過程中發揮「高情商」，著實令人佩服。

從言談到文字，這五位新書推薦人都是溫柔言行的實踐者，是我人生的榜樣，有幸認識你們，期許今後繼續快意對談，聊盡天下事。

從「質感說話」到「質感對談」，無論寫作或修練言語表達，對我來說仍有一大片可以探索的天地。成長過程或許很慢，兩本書也依舊說不完「口語表達」這門生機勃勃的學問，正因如此好奇探索，得以看到不同的世界，和更深的自己。

最後，感謝打開此書的你，願書裡的字句對你在展開與人對話時，有一點點啟發，幫助你走向無比精彩且有價值的質感人生。

月琪　寫於二〇二一年季夏之夜

質感說話課

言語的溫柔力量，
是送給自己和他人
最美的禮物

潘月琪　著

帶你重新認識言語的真實力量，
說出更有質感的人生！

你有多久沒注意過自己日常的說話習慣呢？
言語表達常被當作獲取工作、名聲、利益的工具，
我們擅長針對特定目的進行交談，
生活中的對話卻少了待人的溫柔與耐心，往往造成隱形的傷害而不自知。

我們每天所說出去的話，和聽到的話，超乎想像得多，日積月累的影響力更是不容小覷。如果我們的話語，可以帶給人溫暖，注入鼓勵、療癒、善意等利他的心意，無論對象是萍水相逢的陌生人，或是最親密的家人，將是一份最棒的禮物。

擁有25年主持和教學經驗的月琪老師，在書中歸納出邁向質感談吐的四大修煉：
- 探索你的口語表達習慣
- 聰明建立連結
- 對話的藝術
- 建立個人的言談風格

這些不可多得的硬技術和軟技巧，能幫助你把話說得更精準、談吐更細緻，在與人交談時，言詞能夠舒服得體，又不至於失去個人的界限。

事實上，「質感說話」最大的受惠者，將是我們自己。你會獲得包括以下五項在內的諸多益處：
- 提升自我價值感
- 加深原有關係的連結
- 開創事業及人生新契機，增加幸運的機率
- 更懂得保護自己珍貴的言語能量
- 遇到事情，採取更和平的「非暴力溝通」

在眾聲喧嘩的年代，言語的影響力來到新高峰，我們所說的每一句話，串起此生的軌跡。讓我們熟習這門「用言語表達愛」的藝術，以嶄新的心情與眼光，重新看待並享受「說話」這件事，讓每一次開口，都說出心中溫柔的話語，說出更有質感的人生！

國家圖書館出版品預行編目 (CIP) 資料

質感對話課：職場、社交、媒體及自我叩問的言談美學 / 潘月琪著 . -- 初版 . -- 臺北市：遠流出版事業股份有限公司 , 2021.10
面；　公分
ISBN 978-957-32-9266-1(平裝)
1. 說話藝術 2. 溝通技巧 3. 口才

192.32　　110013608

質感對話課

職場、社交、媒體及自我叩問的言談美學

作　　者｜潘月琪
總 編 輯｜盧春旭
執行編輯｜黃婉華
行銷企劃｜鍾湘晴
美術設計｜王瓊瑤

發 行 人｜王榮文
出版發行｜遠流出版事業股份有限公司
地　　址｜台北市中山北路 1 段 11 號 13 樓
客服電話｜ 02-2571-0297
傳　　真｜ 02-2571-0197
郵　　撥｜ 0189456-1
著作權顧問｜蕭雄淋律師
ISBN ｜ 978-957-32-9266-1

2021 年 10 月 1 日初版一刷
定　　價｜新台幣 380 元
(如有缺頁或破損，請寄回更換)

YLib.com 遠流博識網
http://www.ylib.com
Email: ylib@ylib.com